ミラクルラブリー♥

感《かん》動《どう》のどうぶつ物《もの》語《がたり》

虹《にじ》の橋《はし》

編著♥青空 純

西東社

ミラクルラブリー♡
どうぶつ写《しゃ》真《しん》館《かん》

大《たい》切《せつ》なキミへ

読者《どくしゃ》のみんなから大好《だいす》きなペットたちの写真《しゃしん》が届《とど》いたよ。
（みんなも最後《さいご》のページの左側《ひだりがわ》を見《み》て、お気《き》に入《い》りのどうぶつ写真《しゃしん》を送《おく》ってね。）

キミといると
本《ほん》当《とう》に楽《たの》しい

胸《むね》いっぱいに広《ひろ》がっていく
大《だい》好《す》きの気《き》持《も》ち

キミはわたしの宝《たから》物《もの》だよ

もくじ

《おことわり》
ペットが迷子《まいご》になってしまった、または保護《ほご》した場合《ばあい》には、最寄《もよ》りの警察署《けいさつしょ》・保健所《ほけんじょ》・動物愛護《どうぶつあいご》センターなどに届《とど》け出《で》が必要《ひつよう》です。

虹《にじ》の橋《はし》ってなあに？

天国《てんごく》へ行《い》く道《みち》の手前《てまえ》に、「虹《にじ》の橋《はし》」とよばれる場所《ばしょ》があります。

地上《ちじょう》で愛《あい》されていたどうぶつは、
命《いのち》の灯《あかり》が消《き》えると虹《にじ》の橋《はし》のふもとに行《い》くのです。

そこにはたくさんの食《た》べ物《もの》や水《みず》、太陽《たいよう》の光《ひかり》があり、
どうぶつたちは草地《くさち》や丘《おか》を走《はし》り回《まわ》って、楽《たの》しく過《す》ごしています。

病気《びょうき》で苦《くる》しんでいた子《こ》たちも、
ここでは健康《けんこう》で元気《げんき》いっぱいになります。

とっても幸《しあわ》せなのですが、ひとつだけ不満《ふまん》があります。

それは、自分《じぶん》を愛《あい》してくれた人《ひと》と会《あ》えなくてさみしいことでした。

ある日《ひ》

１匹《ぴき》が突然《とつぜん》立《た》ちどまって、遠《とお》くを見《み》つめました。

瞳《ひとみ》はキラキラと輝《かがや》き、うれしくてふるえています。

すると、その子《こ》は緑《みどり》の草《くさ》の中《なか》を走《はし》り出《だ》しました。

その子《こ》はあなたを見《み》つけたのです。

そして、再会《さいかい》したその子《こ》とあなたは抱《だ》き合《あ》います。
二度《にど》と離《はな》れることはありません。
幸福《こうふく》のキスがあなたに降《ふ》りそそぎます。
あなたはその子《こ》の頭《あたま》をなでて、その瞳《ひとみ》をもう一度《いちど》のぞきこみます。
それは、あなたがずっとずっと忘《わす》れることのなかった瞳《ひとみ》です。

それから、あなたとその子《こ》はいっしょに
虹《にじ》の橋《はし》をわたっていくのです。

虹《にじ》の橋《はし》にまつわるマンガ&小説《しょうせつ》がはじまるよ！

第《だい》1章《しょう》

虹《にじ》の向《む》こうに

キミとずーっといっしょにいたいけど
いつかはさよならのときがきてしまう。
でも、遠《とお》い未来《みらい》にまた会《あ》えると信《しん》じて…。

青空純《あおそらじゅん》物語《ものがたり》

第《だい》1話《わ》

新《あたら》しい出《で》会《あ》い

純《じゅん》の友《とも》だちの流奈《るな》が、捨《す》てられた子猫《こねこ》をひろって…。

ニャウ
子猫《こねこ》!!
ニャウ
おいで
ちっちゃい…
捨《す》てられたのかな…
ニャウ
ニャウ

どうしよう…
また
あのとき
みたいに…
そうだ
純《じゅん》に…
ニャウ
ミャウ
もしもし？
流奈《るな》
どうしたの？
純《じゅん》っ
ミャウ
ニャウ
ミャウ
子猫《こねこ》を
ひろったの！
でもどうしよう…
えっ
とりあえず
立花先生《たちばなせんせい》のところへ
連《つ》れていこう！
わたしも行《い》くから！
ガタッ

立花どうぶつ病院
ミャー
ミャー
ミャー
ミャー
ドキ
ドキ
ミャー
ミャー

病気《びょうき》もないし
元気《げんき》だね
大丈夫《だいじょうぶ》そうだよ
よかった…!!
あれっ

純《じゅん》ちゃん！
壮太《そうた》くん ※モコおっきくなったね！
モコの健康診断《けんこうしんだん》に来《き》たんだ
子猫《こねこ》だ〜かわいいいね
公園《こうえん》でひろったの
ノド鳴《な》らしてる懐《なつ》いてるみたいだね
ゴロ
ゴロ
ゴロ
え…

※『感動《かんどう》のどうぶつ物語《ものがたり》 希望《きぼう》の光《ひかり》』を見《み》てね。

この子《こ》飼《か》うの？
飼《か》いたい…けど…
？

※『感動《かんどう》のどうぶつ物語《ものがたり》 天国《てんごく》のキミへ』を見《み》てね。

またまちがえたらどうしようって…
わたしがこの子《こ》を飼《か》ってもいいのかなって…！
…
流奈《るな》…

ねえ
あなたたち
あ
ごめんなさいね
お話《はなし》が聞《き》こえて
しまって
あなたたち
虹《にじ》の橋《はし》のお話《はなし》を
知《し》ってる？
いえ…

わたしも子《こ》どものころお母《かあ》さんに教《おし》えてもらったのだけど…
虹《にじ》の橋《はし》っていうのはね――…

第《だい》2話《わ》

雨《あめ》上《あ》がりの空《そら》に

虹《にじ》の橋《はし》で待《ま》ってる

ある日《ひ》、クサガメのカメ太《た》が元気《げんき》をなくしてしまい…。

ただいまー！
千花《ちか》ちゃん おかえり
カメ太《た》も ただいま！
わたしの家《いえ》では クサガメのカメ太《た》を 飼《か》っている

カメ太《た》は今日《きょう》も お母《かあ》さんに べったりだなあ
お母《かあ》さんが 子《こ》どものころから 飼《か》っているカメ太《た》は 小《ちい》さいけれどわたしより ずっとおじいちゃんで お母《かあ》さんと大《だい》の仲《なか》よし
今日《きょう》ね 犬《いぬ》を飼《か》いはじめた子《こ》が 写真《しゃしん》を見《み》せてくれたの カメ太《た》も写真《しゃしん》とって みんなに見《み》せていい？
もちろん
カメ太《た》 おいで～
さっ

やっぱり
お母《かあ》さん以外《いがい》が
触《さわ》ると首《くび》を
引《ひ》っこめちゃう…
きらわれてるのかなあ
またとれなかった…
そんなことないわ
びっくりしちゃう
だけよ
もう11年《ねん》も
いっしょに
くらしてるのに？
カメは
犬《いぬ》や猫《ねこ》みたいには
感情《かんじょう》を出《だ》さないけれど
何年《なんねん》もかわいがって
お世話《せわ》してるうちに
少《すこ》しずつなれてくれるのよ

ぴったりくっついてお母《かあ》さんにあまえてるみたい
カメ太《た》はお母《かあ》さんが大好《だいす》きなんだね

ガチャ
おはよー
あれ？カメ太《た》どうかしたの？
おはよう
いつものカメ太《た》
バン
バン
いつもは水槽《すいそう》をたたいて朝《あさ》ごはんくれくれってするのに
今日《きょう》はおとなしくって
ねぼうかなあ
めずらしいね…
千花《ちか》ちゃんも着《き》がえないとおくれるよ！
朝《あさ》ごはんたべなさい
わ！ほんとだ！
カメ太《た》はこの日《ひ》から少《すこ》しずつ元気《げんき》をなくしていき
じっと目《め》をつむっている時間《じかん》が増《ふ》えていった

カメ太《た》
また寝《ね》てるの？
最近《さいきん》ごはんも
あまり食《た》べないし
体調悪《たいちょうわる》いのかなあ
…そうだね
どうぶつ病院《びょういん》で何度《なんど》も
みてもらったけれど
よくならず…
カメ太《た》とお母《かあ》さんが
出会《であ》って26年目《ねんめ》の冬《ふゆ》に
カメ太《た》は死《し》んでしまった

ぐす
ひっく
カメ太《た》くんの火葬《かそう》をとり行《おこな》いますので終《お》わるまでお待《ま》ちください
ひっく
カメ太《た》がはじめてうちに来《き》たのは
お母《かあ》さんが今《いま》の千花《ちか》ちゃんと同《おな》じ11歳《さい》のころだったの

食《た》べ物《もの》の好《す》ききらいが多《おお》いから なにが好《す》きなんだろうって 好物《こうぶつ》を探《さぐ》ったり
えっ これも イヤなの!?
プイッ
カメ太《た》〜 どこ行《い》ったの〜〜
庭《にわ》で まいごになったときは 探《さが》し回《まわ》って 大《おお》さわぎしたの
はじめてひざの上《うえ》で 寝《ね》てくれたときは すごくうれしかったな…
結婚《けっこん》して引《ひ》っ越《こ》すときも 離《はな》れたくなくて
お父《とう》さんにお願《ねが》いして 連《つ》れてきちゃった

ずっといっしょだったから本当《ほんとう》にさみしいな…
…
もっといっしょにいたかったのにもうカメ太《た》に会《あ》えないなんていやだよお…

昔《むかし》なにかで
虹《にじ》の橋《はし》っていう
お話《はなし》を読《よ》んだんだ
虹《にじ》の橋《はし》はね
天国《てんごく》へ行《い》く道《みち》の
手前《てまえ》にある橋《はし》で
死《し》んでしまった
どうぶつたちは
虹《にじ》の橋《はし》のたもとで
元気《げんき》な姿《すがた》にもどって
広《ひろ》い草地《くさち》を走《はし》り回《まわ》っていて
そうしていつか

飼《か》い主《ぬし》と再会《さいかい》して
いっしょに天国《てんごく》に行《い》く――…
そんなふうに
いわれているんだって
だからいつか
お母《かあ》さんが
迎《むか》えに行《い》くまで
カメ太《た》は虹《にじ》の橋《はし》の草地《くさち》で
日《ひ》なたぼっこして
待《ま》ってるのかもしれない

そっか…
じゃあいつか
虹《にじ》の橋《はし》でカメ太《た》と笑《わら》って会《あ》えるようにしなくちゃね

第《だい》3話《わ》

キミと過《す》ごした日《ひ》々《び》は宝物《たからもの》

犬《いぬ》のマロンが連《つ》れていかれた家《いえ》にいたのは…。

あんなさみしい思《おも》いはしたくないよ――……
ここはいったい…
まぶし…!
わあっ
美月《みつき》(14)
なに?
かわいい~~~!
だれ?
お父《とう》さんお母《かあ》さんありがとう!
うれしい!

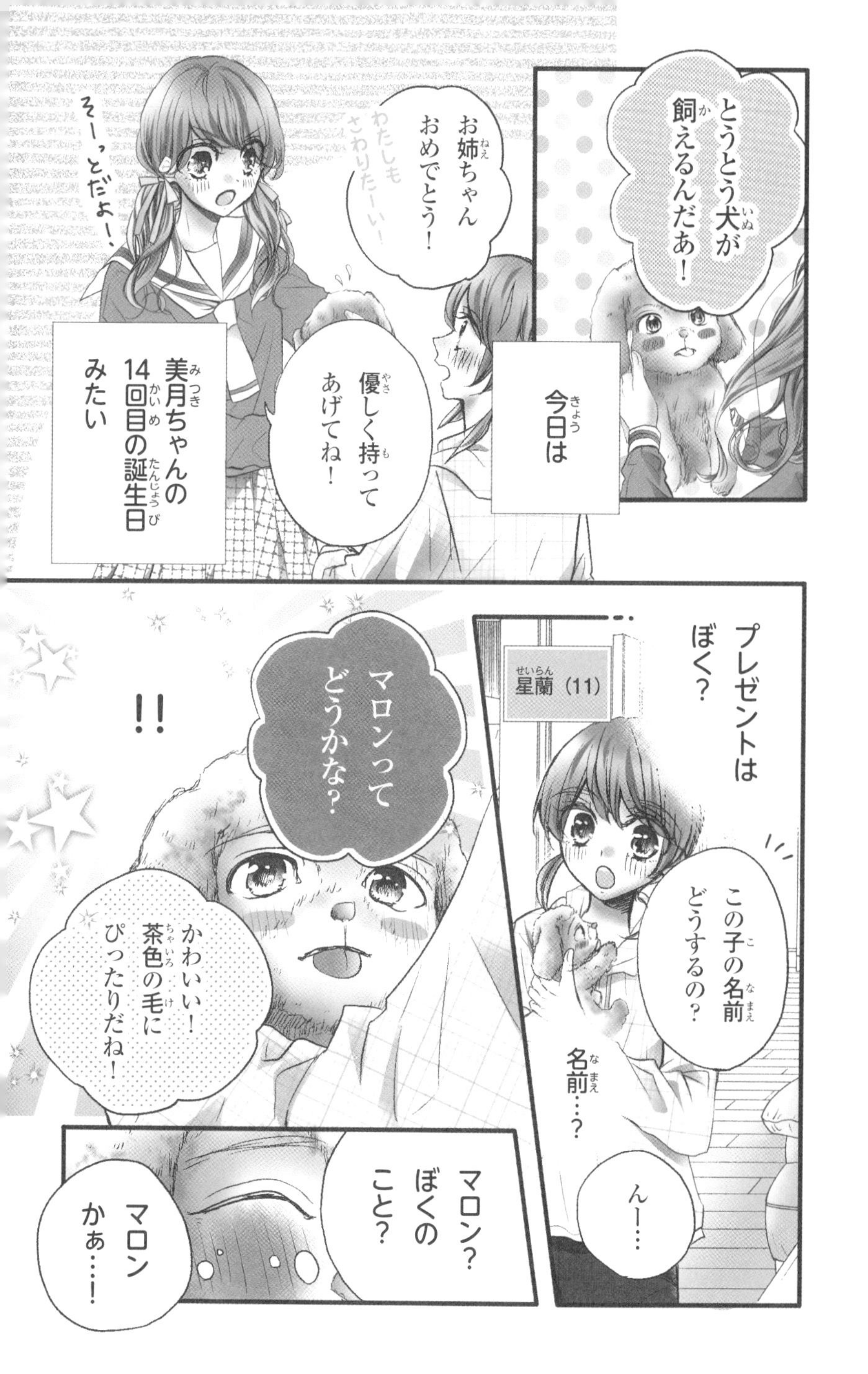

とうとう犬《いぬ》が飼《か》えるんだあ！
今日《きょう》は
お姉《ねえ》ちゃんおめでとう！
わたしもさわりたーい！
優《やさ》しく持《も》ってあげてね！
そーっとだよ！
美月《みつき》ちゃんの14回目《かいめ》の誕生日《たんじょうび》みたい
プレゼントはぼく？
星蘭《せいらん》（11）
この子《こ》の名前《なまえ》どうするの？
名前《なまえ》…？
んー……
マロンってどうかな？
!!
かわいい！茶色《ちゃいろ》の毛《け》にぴったりだね！
マロン？ぼくのこと？
マロンかぁ…！

よろしくね
マロン！
このとき
思《おも》ったんだ
ぼくは
一生《いっしょう》美月《みつき》ちゃんの
味方《みかた》だよ
それから
毎日《まいにち》美月《みつき》ちゃんと
いっしょに
過《す》ごしたから
もうさみしく
なくなった
は、速《はや》いよ
マロン～～!!
どう？
気持《きも》ち
いい…
ワン！
ほんと
おいしそうに
食《た》べるよねっ
美月《みつき》ちゃんの
家《いえ》にきて1年《ねん》

美月《みつき》ちゃんは中学《ちゅうがく》3年生《ねんせい》になった
………
進路調査票
北高校美術科
………
ファッションデザイナーになりたいの!
だからって…!
……
お父《とう》さんとお母《かあ》さんとケンカする回数《かいすう》が増《ふ》えた
……!
悩《なや》んでる美月《みつき》ちゃんの力《ちから》になりたいけど
ぼくは言葉《ことば》がしゃべれない…
ぼくに今《いま》できることは

ただじっと
そばに
いるだけ――…
マロン…
クゥン
ありがとう
マロン
そばに
いてくれて…
マロン
誕生日《たんじょうび》
おめでとう！

…それにしても
すっかり大《おお》きくなったねー
重《おも》!
ずしっ
ワン!!
たしかに重《おも》くなった気《き》がする…
見て見て!
メッセージカードも書《か》いたんだよ
マロンへ
美月より
ずーっと元気《げんき》でいっしょにいようね
ぼくは字《じ》は読《よ》めないけど
美月《みつき》ちゃんの気持《きも》ちはちゃんと受《う》けとめたよ
ほら美月《みつき》泣《な》かないの

…だってやっぱり
マロンと
離《はな》れるなんて…
…美月《みつき》ちゃん
なんで泣《な》いてるの…？
バタン
ばいばい
マロン…
またすぐ
帰《かえ》って
くるから！
ブロロロロ…
ワン！
ワン！
ずっといっしょって
約束《やくそく》してたのに!!

お姉《ねえ》ちゃんは夢《ゆめ》のためにがんばってるんだよ
応援《おうえん》してあげようね
……
そうだ
ずっと見《み》てきたんだ——…
離《はな》れていても
ぼくは美月《みつき》ちゃんを応援《おうえん》してるよ!
美月《みつき》ちゃんの家《いえ》にきて
もう12年《ねん》
ぼくは——…
…それから美月《みつき》ちゃんは
夢《ゆめ》をかなえてファッションデザイナーになった
最近《さいきん》ちょっと目《め》がかすむなあ…
ただいま——

美月《みつき》ちゃん!
おかえりなさい! 待《ま》ってたわよ〜
…と
だれ…?
美月《みつき》さんと結婚《けっこん》します
!!
あの美月《みつき》ちゃんが結婚《けっこん》かあ!
すごい! うれしいなあ!!
ワン!
ワン!
ふふ マロンも認《みと》めてくれたみたいね
…それでね

式《しき》にマロンも出席《しゅっせき》させたいんだー…
わっ
きれー…!
おめでとう美月《みつき》ー!!
タッ

マロン…!!
美月《みつき》ちゃん
すごくきれい…
おめでとう——…

1年後《ねんご》
マロン……!
―はっ
…ぼく…もう…
はっ
――マロン!!
〜〜〜……
美月《みつき》ちゃん…
…マロン もう一度《いちど》元気《げんき》になってよ!!
これからもずっといっしょにいてよ!!
ありがとう

これからも
心《こころ》の中《なか》でずっと
いっしょだよ――…
あ
ワン！
ワンちゃんかわいい――!!
すみません!!
ぼくもワンちゃんといっしょにくらしたいなあ！
……………
……！

今度《こんど》のお休《やす》みは犬《いぬ》や猫《ねこ》の保護《ほご》施設《しせつ》を見学《けんがく》してみようか
そうね…
やったー!!
きょろ
ここはどこ——…?
キィ

きら
わあっ
きら きら
…だれ？
今日《きょう》から ぼくと いっしょだよ！
よろしくね!!
もうさみしく ないね

第《だい》4話《わ》

心《こころ》の痛《いた》みが癒《い》えるまで

紗《さ》那《な》が出会《であ》ったインコのコッピーは、なぜか元気《げんき》がなくて…。

はあ、重《おも》かった～。ここまで持《も》ってくるのが大変《たいへん》だったよ。
ママから「恭《きょう》子《こ》の家《いえ》に持《も》っていってね」とわたされた紙袋《かみぶくろ》には、カボチャやリンゴ、小松菜《こまつな》といった食料《しょくりょう》がたくさん入《はい》っている。恭《きょう》子《こ》ちゃんは、ママの妹《いもうと》で、優《やさ》しい夫《おっと》の晃《あきら》さんとふたりぐらしだ。あのふたり、こんなに大食《おおぐ》いだったかなあ。そう思《おも》いながら、恭《きょう》子《こ》ちゃんが住《す》む家《いえ》のインターホンをおす。
「紗《さ》那《な》、ありがとう！　重《おも》かったでしょ？　わ、姉《ねえ》さん、こんなにたくさんリンゴ入《い》れてくれたんだ。助《たす》かるなあ」
紙袋《かみぶくろ》をのぞきこんで、恭《きょう》子《こ》ちゃんはうれしそうに笑《わら》った。
「恭《きょう》子《こ》ちゃん、すごい食欲《しょくよく》なんだね。この前《まえ》、ダイエットしたいって言《い》ってたのに」

「あ、そっか。紗那《さな》に話《はな》すの忘《わす》れてた！　ねえ、早《はや》くあがって」

恭子《きょうこ》ちゃんに言《い》われるまま、わたしは家《いえ》にあがった。

「おじゃましま～す」

リビングに入《はい》った瞬間《しゅんかん》、わたしの目《め》に飛《と》びこんできたのは、とてもきれいな緑色《みどりいろ》の羽毛《うもう》をもつ、大《おお》きな鳥《とり》だった。くちばしの横《よこ》、ほっぺのところは黄色《きいろ》。ふさふさした尾《お》には、オレンジ色《いろ》の羽毛《うもう》がまざり、すごくきれいだ。

「わあ、すごいなあ……。恭子《きょうこ》ちゃん、この鳥《とり》さん、どうしたの？」

大《おお》きさは、腕《うで》にすっぽり抱《だ》けるくらい。それでも、わたしが知《し》っているインコや文鳥《ぶんちょう》より、ずっと大《おお》きな鳥《とり》だ。

「紗那《さな》にも紹介《しょうかい》するね。うちの、新《あたら》しい家族《かぞく》。キソデボウシインコのコッピーだよ。紗《さ》

那《な》に持《も》ってきてもらったリンゴやカボチャは、この子《こ》のごはん」
「でも、恭子《きょうこ》ちゃん、この鳥《とり》さん、なんだか元気《げんき》がないみたいだけど……」
コッピーは、ケージのすみで、体《からだ》をちぢめている。よく見《み》ると、羽《はね》が、ふるふると、かすかにふるえていた。寒《さむ》いのかな？　ううん、今《いま》は、そんな季節《きせつ》じゃない。
「紗那《さな》、コッピーは、何歳《なんさい》だと思《おも》う？」
恭子《きょうこ》ちゃんが、わたしにきいてきた。
「え？　うーん。だって、新《あたら》しいペットでしょ？　だったら、まだそんなに大《おお》きくないよね？　えーと、1歳《さい》か、2歳《さい》くらい？」
「あのね、コッピーは、おそらく30歳《さい》くらいなんだって」
「さんじゅう？　うそでしょ！　恭子《きょうこ》ちゃんと同《おな》じくらいなの？」
「こういう大《おお》きな鳥《とり》は、ものすごく長生《ながい》きなんだよ。コッピーも、元気《げんき》でいれば、50年《ねん》以上生《いじょうい》きることもあるって」
「そうなの？　でも、ずいぶん長《なが》い間《あいだ》ペットショップで売《う》れ残《のこ》っていたんだね」

「コッピーはね、ペットショップから来《き》たんじゃないのよ。鳥《とり》の保護活動《ほごかつどう》をしているところからゆずり受《う》けたの。紗那《さな》、コッピーをもう一度《いちど》、よく見《み》てごらん」
恭子《きょうこ》ちゃんに言《い》われて、わたしは、コッピーをまじまじと見《み》つめた。
「あっ！」
コッピーには、右足《みぎあし》がなかった。
さっき、ふるえていたのは寒《さむ》かったからじゃない。
コッピーは片足《かたあし》で一生懸命立《いっしょうけんめいた》っていたんだ。
「かわいそう……。痛《いた》くないのかな？」
「痛《いた》みは大丈夫《だいじょうぶ》だと思《おも》うけど、心《こころ》の傷《きず》はまだ治《なお》らないみたいなの」
恭子《きょうこ》ちゃんが、悲《かな》しそうに言《い》った。それから、恭子《きょうこ》ちゃんは、コッピーの過去《かこ》について話《はな》してくれた。
コッピーは、鳥《とり》カゴごと、空《あ》き家《や》に捨《す》てられていたらしい。近所《きんじょ》の人《ひと》が鳴《な》き声《ごえ》を聞《き》いてコッピーを発見《はっけん》して、保護団体《ほごだんたい》に救出《きゅうしゅつ》してもらったのだ。たぶん、思《おも》ったよりも

長生《なが》きのコッピーに手《て》を焼《や》いて、飼《か》い主《ぬし》が置《お》いていったのだろう。
「置《お》き去《ざ》りにされたとき、カラスやハクビシンか、ほかのどうぶつにおそわれて足《あし》をけがしたのね。コッピー、栄養《えいよう》がたりないうえに、体中《からだじゅう》、よごれてボロボロだったの」
保護《ほご》されたコッピーは、保護《ほご》してくれた団体《だんたい》の方《かた》のおかげで、なんとか元気《げんき》になった。
「だけど、コッピーは救出《きゅうしゅつ》したときから、なにもしゃべらないんだって。キソデボウシインコってね、本当《ほんとう》は、とっても陽気《ようき》でおしゃべり好《ず》きな、明《あか》るい鳥《とり》さんなんだ。コッピーが、しゃべらないのは、きっと、まだ心《こころ》の傷《きず》が癒《い》えていないからかもね」
恭子《きょうこ》ちゃんが言《い》った。
かわいそうなコッピー。前《まえ》の飼《か》い主《ぬし》のこと、コッピーは大好《だいす》きだったかもしれない。
それなのに、捨《す》てられて、裏切《うらぎ》られて、心《こころ》を閉《と》ざしてしまうのもわかる気《き》がする。
「恭子《きょうこ》ちゃん、わたしでも、コッピーの力《ちから》になれることってあるのかな……？」
「あるよ。紗那《さな》、たまに、こうしてコッピーに会《あ》いに来《き》てくれる？　なにもしゃべらなくて、少《すこ》しものたりないかもしれないけど、コッピーの心《こころ》の傷《きず》が癒《い》えるそのときまで、じっと待《ま》ってあげよう」
「うん。わたし、コッピーが、またおしゃべりできるようになるって信《しん》じてるよ」
その日《ひ》から、わたしは、毎日《まいにち》、恭子《きょうこ》ちゃんの家《いえ》に行《い》き、コッピーのお世話《せわ》をお手伝《てつだ》いするようになった。
「コッピー。リンゴむいたよ。水《みず》も新《あたら》しいのにかえておいたからね」
話《はな》しかけても、コッピーは、じっとだまっている。
この前《まえ》、パソコンの動画《どうが》サイトでコッピーと同《おな》じキソデボウシインコがしゃべる様子《ようす》を見《み》た。その子《こ》は「オイシー、オイシー」と言葉《ことば》をしゃべりながら、飼《か》い主《ぬし》の手《て》から、ごはんをもらっていた。
コッピーは、人間《にんげん》をまだこわがっていて、抱《だ》くことさえできない。抱《だ》っこしようとすると、すごくいやがるのだ。きっと、また自分《じぶん》をひどいめにあわせるかもしれない、と警戒《けいかい》しているせいだろう。コッピー、わたしは、絶対《ぜったい》にコッピーの味方《みかた》でいるよ。

だから、いつかいっしょに、楽《たの》しくおしゃべりしようね。

コッピーが、恭子《きょうこ》ちゃんのところへやってきて1年《ねん》が経《た》った。小学《しょうがく》5年生《ねんせい》だったわたしは、6年生《ねんせい》になった。

最近《さいきん》、わたしは、コッピーにある言葉《ことば》をよくかけている。それは……

「コッピー、生《い》きていてくれて、ありがとう」

劣悪《れつあく》な環境《かんきょう》でも、生《い》きのびてくれたコッピー。だから、こうして、会《あ》うことができたんだもん。

梅雨《つゆ》が明《あ》け、まぶしい青空《あおぞら》がひろがったある日《ひ》、恭子《きょうこ》ちゃんから「紗那《さな》！　急《いそ》いでうちに来《き》て！」という電話《でんわ》があった。

もしかして、コッピーになにかあったの？　不安《ふあん》と心配《しんぱい》で胸《むね》がつぶれそうになりながら走《はし》っていくと、ケージの中《なか》のコッピーは、いつものように、つぶらな瞳《ひとみ》でわたしを見《み》ていた。

そして、言《い》ったのだ。
「アリガトウ、アリガトウ」
わたしの言葉《ことば》を、コッピーはちゃんと覚《おぼ》えていたのだ。
「コッピー、ありがとうって、紗那《さな》にも伝《つた》えたかったのね」
恭子《きょうこ》ちゃんの目《め》に、うれし涙《なみだ》が光《ひか》った。
その日《ひ》、わたしは、はじめてコッピーを胸《むね》に抱《だ》いた。コッピーは、あまえるように、わたしの肩《かた》に、そのかわいい頭《あたま》をこすりつけてきた。
コッピー、本当《ほんとう》に生《い》きていてくれてありがとう。これからもたくさん遊《あそ》ぼうね。

雨《あめ》上《あ》がりの空《そら》に

第《だい》5話《わ》

うさぎのお医《い》者《しゃ》

あかりが獣医《じゅうい》をめざすことになったきっかけとは…。

なぜあのとき うさぎを飼《か》おうと 思《おも》ったのか…
そう、きっと… 運命《うんめい》に導《みちび》かれたのでしょう――…
30年《ねん》前《まえ》――
もうすぐ 結婚式《けっこんしき》だな
楽《たの》しみ! ねえ 引《ひ》っ越《こ》ししたらさ
どうぶつと くらさない?

あかり　どうぶつ好《す》きだもんな
馬術《ばじゅつ》も大好《だいす》きだしなぁ
うん　本当《ほんとう》はわたし
獣医《じゅうい》さんになりたかったんだ…
あ　透《とおる》さん
ペットショップだよ！
PETSH
ちょこんっ
わあ…
かわいいい！

ペットショップで出会《であ》った
小《ちい》さい2匹《ひき》のうさぎを
家《いえ》に迎《むか》えました
白《しろ》い子《こ》は
当時《とうじ》気《き》に入《い》っていた歌《うた》の
タイトルからとってシャンテ
なでられるのが
好《す》きみたいだ
自分《じぶん》で上手《じょうず》に
耳《みみ》のお手入《てい》れも
するのね
パンダ模様《もよう》の子《こ》は
シャンテのお友《とも》だち
という意味《いみ》でフランス語《ご》の
友人《ゆうじん》を意味《いみ》する
アミと名《な》づけました
すごい
ジャンプ力《りょく》!
わたしたちは
すっかり
うさぎの
とりこに
なりました

ところが1週間後《しゅうかんご》——
急《きゅう》にアミの元気《げんき》がなくなり後《うし》ろ足《あし》がマヒして動《うご》けなくなってしまったのです
そしてその日《ひ》のうちに亡《な》くなってしまいました
さらに翌日《よくじつ》
ずり…
なんで? シャンテまで…
アミと同《おな》じだ… シャンテまで死《し》んじゃうの?
どうぶつ病院《びょういん》に連《つ》れていこう

うさぎは専門外《せんもんがい》なんですよねえ…
こんなに弱《よわ》っているのに…なにかできることはないですか？
うーん
とりあえずレントゲンをとってみましょうか
この子《こ》は骨《ほね》がとても細《ほそ》くて弱《よわ》いようですね
ごはんはなにをあげていますか？
ペットショップで教《おし》えてもらって小鳥《ことり》のエサを…
え？小鳥《ことり》のエサ？

うさぎと鳥《とり》では
食《た》べるものが
ちがうでしょう
うさぎ用《よう》の
フードを
あげないと
はずかしながら
このときわたしたちは
鳥《とり》のエサでうさぎを
育《そだ》てることはできないと
知《し》ったのです
アミの死因《しいん》は
栄養失調《えいようしっちょう》
だったのかも
しれません
はいシャンテ
ラビットフード
だよ
?
はじめに小鳥《ことり》のエサを
あげていたせいで
うさぎ用《よう》のフードを
食《た》べてくれなくて
苦労《くろう》しましたが
少《すこ》しずつなれてくれて
元気《げんき》をとりもどしました

こうしてシャンテは
わたしたちにとって
かけがえのない
存在《そんざい》になりました

PETSHO
あの子《こ》かわいい！
そうだなでも…
シャンテがいちばん！
なんで透《とおる》さんはそうやって…
夫婦円満《ふうふえんまん》のひけつはシャンテがいてくれること
ケンカはダメ!!
シャンテ…
ケンカしたってシャンテが仲裁《ちゅうさい》してくれました
もふっ

そして月日《つきひ》は流《なが》れ——
シャンテ5歳《さい》のお誕生日《たんじょうび》おめでとう
最近《さいきん》前《まえ》みたいに走《はし》り回《まわ》らなくなったなあ
そういえば物《もの》をかじるいたずらもしなくなった
あれは大変《たいへん》だったな……
ポカ
ポカ
年《とし》をとって落《お》ち着《つ》いてきたのかな

シャンテ〜 ごはんの時間《じかん》だよ
ちょこん
シャンテ? またここに いたの
うさぎは 暗《くら》くてせまい ところが好《す》き
かまわれたく ないときや 具合《ぐあい》が悪《わる》いとき シャンテは よくここで じっとしていました
ごはん 置《お》いておくから あとで食《た》べてね
これまでも 少《すこ》し食欲《しょくよく》が 落《お》ちることは ありましたが
しばらくすると 回復《かいふく》していたので このときも大丈夫《だいじょうぶ》だ と思《おも》っていました

でも今回《こんかい》は
ちがいました
今日《きょう》も
ほとんど
食《た》べてない…
シャンテ
お願《ねが》い
食《た》べて…
もしかしたら…
お別《わか》れが
近《ちか》づいているのかも
しれないな
いや…
まだいっしょに
いたいよ!
きっとなにか
できることがあるはず…
獣医《じゅうい》さんに
ききに行《い》こう!
動物病院

うさぎはあまりみたことがなくてね…ちょっと自信《じしん》ないな…
そんな…
くやしい…
シャンテが弱《よわ》っていくのをただ見《み》てるしかないっていうの…？
…そうだ前《まえ》に実家《じっか》で飼《か》っていた犬《いぬ》を助《たす》けてくれた獣医《じゅうい》さん…
あの先生《せんせい》ならなんとかしてくれるかもしれない

動物病院
うーん… うさぎはよくわからないんですよ
どうしてもっていうなら… 栄養剤《えいようざい》の注射《ちゅうしゃ》だけはしておきますが
お願《ねが》いします…
シャンテ!
ぴょん!
注射《ちゅうしゃ》の効果《こうか》があったのかもしれないな
もしかしたらまた元気《げんき》になるかもしれない
よかった…
そのときは一瞬《いっしゅん》希望《きぼう》が見《み》えた気《き》がしました

ところが次《つぎ》の日《ひ》…
くたー…
シャンテ!!
シャンテが死《し》んじゃった…
シャンテが…
シャンテが苦《くる》しんでるのに
なにもしてあげられなかった…
なにも…!

最愛《さいあい》のシャンテを失《うしな》った悲《かな》しみは深《ふか》くわたしはペットロスからくるうつ状態《じょうたい》になり
ザァァ…
なにをしても楽《たの》しいと思《おも》えず「このまま死《し》んでもいい」と思《おも》って過《す》ごしていました
馬術《ばじゅつ》の試合《しあい》近《ちか》いのに練習《れんしゅう》行かなくていいのか？
うん…もうなんか全部《ぜんぶ》どうでもよくなっちゃった
わたしがもっと早《はや》く気《き》づいていれば…シャンテは長生《ながい》きできたかもしれないのに…
なああかり…獣医《じゅうい》になるための勉強《べんきょう》をしてみたらどうかな
えっ？

本当《ほんとう》は獣医《じゅうい》になりたかったの
そうか…うさぎのお医者《いしゃ》さんがいないのならわたしがなればいいんだ
でもこれから大学《だいがく》に入《はい》りなおすなんて…
大丈夫《だいじょうぶ》おれも協力《きょうりょく》するよ！もう一度《いちど》夢《ゆめ》を追《お》いかけてみなよ
透《とおる》さん…ありがとう…わたし…

シャンテのときのような
悲劇《ひげき》を繰《く》り返《かえ》したくない！
わたしがうさぎの
お医者《いしゃ》さんになる！
そう決《き》めたわたしは
落《お》ちこみから脱《だつ》し
勉強《べんきょう》に打《う》ちこみました
すぅ…
ふわっ
シャンテ…？
うん…
がんばるね

合格発表
合格受験番号
合格《ごうかく》おめでとう!
受験《じゅけん》を決《き》めてから短《みじか》かったのに…よくがんばったな
シャンテが奇跡《きせき》を起《お》こしてくれたのよ…早《はや》くお医者《いしゃ》さんになって仲間《なかま》のうさぎたちを助《たす》けてって…
ありがとうシャンテ
わたしがんばるよ…!

こうして2度目《どめ》の
大学生活《だいがくせいかつ》が
はじまりました
夫《おっと》の協力《きょうりょく》もあり
わたしは勉強《べんきょう》に
集中《しゅうちゅう》することが
できました

…とはいえ
卒業《そつぎょう》までの道《みち》のりは
スムーズではなく—
途中《とちゅう》で子《こ》どもを
3人授《にんさず》かったため
4年間《ねんかん》の休学《きゅうがく》を
はさむことに
なりました
子育《こそだ》ても
獣医《じゅうい》になる夢《ゆめ》も
あきらめない！
強《つよ》い意志《いし》のもと
10年《ねん》かかりましたが
無事卒業《ぶじそつぎょう》しました

——そして卒業後《そつぎょうご》
うさぎの診療《しんりょう》に力《ちから》を入《い》れている
どうぶつ病院《びょういん》で
研修医《けんしゅうい》として働《はたら》きました
血管《けっかん》
見《み》えない…
先生《せんせい》
ここ!
はい!
ひと思《おも》いに
やって…
ここで基礎《きそ》を
学《まな》ぶことが
できました

あるとき大《おお》きな病院《びょういん》で「もう治《なお》らないから」と治療《ちりょう》もせずに帰《かえ》されたといううさぎがやってきました
ラビがこのまま亡《な》くなるのを待《ま》つだけなんてたえられないんです…お願《ねが》い先生《せんせい》助《たす》けてください
シャンテ! 苦《くる》しんでいるのになにもしてあげられなくてごめんね
たしかにこの病気《びょうき》には有効《ゆうこう》な治療方法《ちりょうほうほう》がありません
なので
ラビくんの苦痛《くつう》をやわらげて少《すこ》しでもおだやかに過《す》ごしてもらえるような治療《ちりょう》をしましょう

3か月後《げつご》──
先生《せんせい》 お電話《でんわ》です
昨日《きのう》ラビが亡《な》くなりました
そう… ですか
ラビは最期《さいご》まで一生懸命《いっしょうけんめい》生《い》きてくれました 悲《かな》しいけど…今《いま》は おだやかな気持《きも》ちです
先生《せんせい》のおかげです ありがとう ございました
病気《びょうき》を治《なお》すだけでなく 病気《びょうき》を防《ふせ》ぎ 長生《ながい》きできるように
そして治《なお》せない病気《びょうき》に なってしまったとしても 後悔《こうかい》を残《のこ》さないように 飼《か》い主《ぬし》さんを サポートしていきたい!
獣医《じゅうい》としての わたしのめざす姿《すがた》が はっきりしました

そして3年後《ねんご》
シャンテ動物病院
うさぎ専門
シャンテ動物病院
OPEN!
院長
水上あかり
じっくり飼い主さんの
お話を聞けるよう
完全予約制の
小さい病院です
あの…シャンテってどういう意味《いみ》ですか?
わたしを獣医《じゅうい》になるよう導《みちび》いてくれた最高《さいこう》のうさぎさんの名前《なまえ》なの
たくさんの命《いのち》を救《すく》えるようにわたし 精《せい》いっぱいがんばっていくよ
これからも見守《みまも》っていてねシャンテ――…

うさぎのこと、もっと知《し》りたい！

うさ🐰パワー

かわいい小《ちい》さな体《からだ》に、じつはすごい能力《のうりょく》がそなわっているんだ！

目《め》 見《み》るパワー

ふり返《かえ》らずに後《うし》ろが見《み》える！

約《やく》360度《ど》見えているよ。前向《まえむ》きでも後《うし》ろの方《ほう》まで見《み》えているから、背《はい》後《ご》から敵《てき》が来《き》ても気《き》づけるんだ。

耳《みみ》 聞《き》くパワー

小《ちい》さな音《おと》も聞《き》きのがさない！

両耳《りょうみみ》を別々《べつべつ》に動《うご》かせるので、どの方向《ほうこう》からの音《おと》ものがさないよ。人《にん》間《げん》には聞《き》こえない音《おと》も聞《き》きとれるんだ。

鼻《はな》 かぐパワー

人間《にんげん》の10倍《ばい》もするどい!?

さまざまなにおいをかぎ分《わ》けられるよ。うさぎ同士《どうし》は、においをかぐだけで相手《あいて》の健康状態《けんこうじょうたい》までわかるんだ。

ヒゲ 探《さぐ》るパワー

とっても優秀《ゆうしゅう》なレーダー！

口《くち》の横《よこ》についているヒゲは、道幅《みちはば》をはかったり、暗《くら》いところで周囲《しゅうい》の状況《じょうきょう》を探《さぐ》ったりできる優《すぐ》れものだよ。

あし けるパワー　ばつぐんのジャンプ力《りょく》！

後《うし》ろ足《あし》の筋肉《きんにく》が発達《はったつ》しているので、ジャンプや走《はし》ることが得意《とくい》なんだ。ケンカのときはキックもするよ。

うさぎのこと、もっと知《し》りたい！

うさぎしぐさ

しぐさを見《み》れば、うさぎの気持《きも》ちがわかるかも。観察《かんさつ》してみてね。

怒《おこ》ってます

後《うし》ろ足《あし》で床《ゆか》をふみ鳴《な》らす「足《あし》ダン」。怒《いか》りや不満《ふまん》を表《あらわ》し、飼《か》い主《ぬし》の注意《ちゅうい》を引《ひ》こうとしているよ。野生《やせい》では仲間《なかま》に危険《きけん》を知《し》らせる行動《こうどう》なんだ。

ごきげんです♪

頭《あたま》をブルッと軽《かる》くふっているのは、楽《たの》しい気持《きも》ちの表れ。もっとテンションが上《あ》がると、頭《あたま》をふりながらジャンプすることもあるよ。

警戒《けいかい》＆求愛《きゅうあい》してます

しっぽを持《も》ち上《あ》げているときは警戒中《けいかいちゅう》。または、おしりの辺《あた》りからにおいを出《だ》して、異性《いせい》に自分《じぶん》の存在《そんざい》をアピールしていることもあるんだ。

調《しら》べてます

鼻《はな》をヒクヒク動《うご》かすのは、
まわりの情報集《じょうほうあつ》め。動《うご》きが速《はや》ければ、
危険《きけん》を感《かん》じている最中《さいちゅう》かも。
ゆっくりなら落《お》ち着《つ》いている状態《じょうたい》だよ。

気《き》になってます

２本足《ほんあし》で立《た》ち上《あ》がるときは、なにかに
興味《きょうみ》をもって調《しら》べようとしているんだ。
しょっちゅう立《た》ち上《あ》がる子《こ》は、
好奇心旺盛《こうきしんおうせい》な性格《せいかく》なのかも。

こわいんです

身《み》をかがめる姿勢《しせい》は、危険《きけん》を感《かん》じて
こわがっているとき。野生《やせい》のうさぎは、
敵《てき》から隠《かく》れるとき、体《からだ》を低《ひく》くして
そっと身《み》をひそめるんだ。

うさうさ寝《ね》ぞうアルバム

▲基本《きほん》の寝《ね》ぞう「箱座《はこずわ》り」。
目《め》は開《あ》けたまま寝《ね》るよ。

▼リラックスしているとき
は、頭《あたま》を床《ゆか》につけちゃう。

▲なかには、おなかを見《み》せ
て、横向《よこむ》きにゴロ～ンとし
て寝《ね》ちゃう子《こ》も……！

うさぎのこと、もっと知《し》りたい！

うさ🐰プロフ帳《ちょう》

ペットとしてとくに人気《にんき》がある４種《しゅ》のプロフィールを紹介《しょうかい》するよ。

名前《なまえ》：ネザーランドドワーフ

体重《たいじゅう》：0.8 ～ 1.3kg

体長《たいちょう》：18cm 前後《ぜんご》

自己紹介《じこしょうかい》

おれはオランダ出身《しゅっしん》。名前《なまえ》の「ドワーフ」は「小《ちい》さな」という意味《いみ》だぞ。その名《な》のとおり体《からだ》は小《ちい》さいけど、やんちゃで気《き》が強《つよ》いところがあるってよくいわれる。飼《か》い主《ぬし》のことが大好《だいす》きだぜ！

名前《なまえ》：ホーランドロップ

体重《たいじゅう》：1.3 ～ 1.8kg

体長《たいちょう》：21cm 前後《ぜんご》

自己紹介《じこしょうかい》

ぼくの特徴《とくちょう》は、短《みじか》くて厚《あつ》みがあるたれ耳《みみ》だよ。たれ耳仲間《みみなかま》のなかではもっとも小《ちい》さいけれど、がっしりした体《からだ》つきが自慢《じまん》。性格《せいかく》はおとなしいタイプかな。抱《だ》っこされるのは大歓迎《だいかんげい》だよ。

おしえて！うさぎ博士《はかせ》

うさぎって
何種類《なんしゅるい》いるの？

ペットのうさぎだけでも世界《せかい》に150種類以上《しゅるいいじょう》いるといわれています。
毛《け》の長《なが》さやカラーも、うさぎによってさまざまです。

名前《なまえ》：ジャージーウィリー

手触《てざわ》りばつぐんの長毛《ちょうもう》うさぎ

体重《たいじゅう》：1.3～1.6kg

体長《たいちょう》：19cm前後《ぜんご》

自己紹介《じこしょうかい》

わたしはアメリカ出身《しゅっしん》。手触《てざわ》りのよい長《なが》い毛《け》がチャームポイントよ。毛《け》は比較的《ひかくてき》からみにくいので、飼《か》い主《ぬし》はお手入《てい》れしやすいはずだわ。あまり感情《かんじょう》を出《だ》さず、静《しず》かに過《す》ごすのが好《す》きなの。

名前《なまえ》：ミニウサギ

タイプさまざま個性派《こせいは》うさぎ

体重《たいじゅう》：個体《こたい》による

体長《たいちょう》：個体《こたい》による

自己紹介《じこしょうかい》

おいらは「ミニ」って名前《なまえ》だけど、じつは大《おお》きく成長《せいちょう》することもあるんだ。いろいろな品種《ひんしゅ》がミックスされて生《う》まれたから、色《いろ》も形《かたち》もバラエティー豊《ゆた》か。性格《せいかく》も個性的《こせいてき》なんだよ～。

うさぎのこと、もっと知《し》りたい！

うさライフ

うさぎの一日《いちにち》は、人間《にんげん》と真逆《まぎゃく》!?　小学生《しょうがくせい》と比《くら》べてみよう！

小学生《しょうがくせい》の一日《いちにち》　うさぎの一日《いちにち》

朝《あさ》
朝《あさ》ごはん～
まだねむー
昼《ひる》
べんきょう★
すぴー
おひるね～
夕《ゆう》
友《とも》だちとあそぶ！
ごはんタイム
モグモグ
夜《よる》
おやすみ～
夜《よる》は元気《げんき》なの
タタッ

うさぎのこと、もっと知《し》りたい！

うさ🐰あるある

もしうさぎを飼《か》ったら、こんな場面《ばめん》を見《み》られるかも！

第《だい》6話《わ》 あごスリスリ

あっ
わたしのものには
においをつけるの
だーいすき
スリ
スリ
スリ
あれもこれもわたしの
ちょっとわたしのバッグ…
スリ
スリ
わたしのだってば
ダン

においをつけることで、自分《じぶん》のなわばりを主張《しゅちょう》しているんです

第《だい》7話《わ》 うさぎのおめめ

警戒《けいかい》してます
ぱっちり
リラックス中《ちゅう》
細《ほそ》目《め》
びっくりしました
白《しろ》目《め》
見《み》えてる
寝《ね》てます…
すぴーZzz
ぱっちり

じつはとっても表情豊《ひょうじょうゆた》か。そして、目《め》を開《あ》けたまま眠《ねむ》るんです

うさぎのこと、もっと知《し》りたい！

うさないない

うさぎのイメージのなかには、まちがっていることも…。

第《だい》8話《わ》 さみしがりや!?

うさぎってさみしいと死《し》んじゃうんだよね
……
ないない
新入《しんい》りが来《き》たら
むしろストレス
ピッ
ピッ
1匹《ぴき》でいるのが
落《お》ち着《つ》くの

ただし、飼《か》い主《ぬし》さんがお世話《せわ》せずに放《ほう》っておくのはだめですよ

第《だい》9話《わ》 主食《しゅしょく》はにんじん!?

うさぎの主食《しゅしょく》といえばにんじんでしょ！
……
ないない
にんじんもいいけど
主食《しゅしょく》は牧草《ぼくそう》
野菜《やさい》もいろいろ
食《た》べるんです
チンゲンサイ
カブのはっぱ
ブロッコリー
キャベツ
セロリ

人間《にんげん》のみなさんと同《おな》じように、バランスよく食《た》べるのが大事《だいじ》です

第《だい》10話《わ》
七色《なないろ》のキセキ
ムックのお願《ねが》い
17歳《さい》の蓮《れん》が海《うみ》の家《いえ》のバイト中《ちゅう》に出会《であ》ったのは…。
いらっしゃいませー
海の家
おれがムックと出会《であ》ったのは17歳《さい》の夏《なつ》
親戚《しんせき》のおじさんの海《うみ》の家《いえ》で住《す》みこみのアルバイトをしていたときだった
蓮《れん》！ちょっと来《き》てくれないか
なんですかおじさ…

くーん。。
!?
おじさん どうしたの その犬《いぬ》
知《し》り合《あ》いの家《いえ》で 生《う》まれたんだが こいつだけ もらい手《て》がなくて うちの看板犬《かんばんけん》として 置《お》いてくれって 頼《たの》まれたんだ
ペロ。。。
仲《なか》よく しような！
えーと…
ムクムクだから ムック！

ワンー！
お世話《せわ》するうち
懐《なつ》いてくれた
ムックのことが
おすわり
お手《て》！
どんどん
かわいくて
たまらなく
なっていった
そして
——…
明日《あした》でバイト
終《お》わりだな
よく働《はたら》いて
くれて
助《たす》かったよ
海の家
明日《あした》で
お別《わか》れか
…
……

あの…おじさん
ムック おれが飼《か》ってもいい？
兄貴《あにき》… おまえのおやじ 犬《いぬ》ぎらいじゃなかったか？
かまれて…
小《ちい》さいころの話《はなし》だし 会《あ》ってみたら考《かんが》えが変《か》わるかも…
がんばって説得《せっとく》するし
どうしてもだめだったら責任《せきにん》もって飼《か》い主《ぬし》を探《さが》すから…！
そうか… ムックは蓮《れん》に懐《なつ》いてるしな
それがいいかもしれん
ありがとうおじさん!!
ムック これからもいっしょだよ！
ワン！

ただいま
蓮《れん》!
おかえり
その子《こ》がムックね
かわいい♡
おれが犬《いぬ》ぎらいなのをわかっていて連《つ》れてくるとは
たいした度胸《どきょう》だな
ドン
父《とう》さん…
父《とう》さんに無理《むり》に好《す》きになってくれとは言《い》わないよ
きらいだから「だめ」って決《き》めつけないでほしいんだ
お世話《せわ》もちゃんとする!
だから——

ぴょん
どしん
なにする やめろ
…おい やめろ
くすぐったい
…は はははは
あら♡ 仲《なか》よし じゃない
しぶしぶ ムックを飼《か》うことを ゆるしてくれた 父《とう》さんだったけど
ムック！ 散歩《さんぽ》 行《い》くぞ！

ムックとの
生活《せいかつ》が
はじまると
意外《いがい》にも
いちばんムックの
世話《せわ》を焼《や》いたのは
父《とう》さんだった
そろそろ
お父《とう》さん
帰《かえ》ってくる
ころね
ガチャ
ガチャ
ただいま
ムック！

ムックはすっかり父《とう》さんっ子《こ》だなあ…
その後《ご》
遠《とお》くの大学《だいがく》に通《かよ》うためおれはひとりぐらしをすることになり
ムックとははなればなれに――
12年後《ねんご》――
久《ひさ》しぶり
ムック！
すっかりおじいちゃんになったなあ

12歳《さい》ですもんね 人間《にんげん》でいうと 65歳《さい》くらい？
おとなりの チビちゃん この前《まえ》14歳《さい》で 亡《な》くなったけど 最後《さいご》は ぼけちゃって 飼《か》い主《ぬし》のこと忘《わす》れて かみついたり したんですって
犬《いぬ》も認《にん》知《ち》症《しょう》になるのね
ボーン
ボーン
大丈夫《だいじょうぶ》 ムックは まだまだ元気《げんき》よ
ちょっと足《あし》が ふらついてるけど 毎日《まいにち》のお父《とう》さんとの 散歩《さんぽ》は 欠《か》かさないの
ワン ワン
あ…… もう そんな時間《じかん》か
すまない…さっきから どうもだるくてな…
蓮《れん》 今日《きょう》は おまえが散歩《さんぽ》に 連《つ》れていってくれるか

わたしは夕食《ゆうしょく》のお買《か》い物《もの》に行《い》ってくるわね
うん わかった
よしムック 今日《きょう》はおれと散歩《さんぽ》だぞ
キィ…
ガブッ
!

いってえ
…どうしたんだ
ムック
かむなんて
…今《いま》まで一度《いちど》も
ウー…
ウー…
ウー…
ぼけちゃって
飼《か》い主《ぬし》のこと
忘《わす》れて
かみついたり
まさか…
ぐい
ウー
ウー
カリカリ
家《いえ》に
入《はい》りたいのか？
やっぱり
父《とう》さんといっしょに
行《い》きたかった
のか…？
パタン
それとも
本当《ほんとう》に
ぼけて…
ワン！

ワン
ワン
ワン
どうしたんだよムック…
ワン
ワン
父《とう》さん…！
ピーポーピーポー…
たおれてすぐ救急車《きゅうきゅうしゃ》を呼《よ》んでいただいたのがよかったです

もし発見《はっけん》がおそかったら命《いのち》があぶなかったかもしれません
ムックのおかげだな…
助《たす》けてもらったぶんおれが最期《さいご》までしっかりめんどうみなきゃな…
まだまだ先《さき》の話《はなし》だけどなはは…
父《とう》さんが助《たす》かってよかったけど
そのときからムックはほとんど寝《ね》たきりになり…
おれがなでようとするとかもうとしたりするようになった
ウー…
なんだよムックおれのこと忘《わす》れちゃったのか
まるで

父《とう》さんを
助《たす》けるときに
自分《じぶん》のエネルギーを
使《つか》いはたして
しまったかのように…
数週間後《すうしゅうかんご》——…
お父《とう》さん 退院《たいいん》 おめでとう！
ムックは まだ 寝《ね》ているのか
いちおう お礼《れい》のごちそう 用意《ようい》したん だけど 食《た》べないのよ ねえ…
しょうがないよ 年《とし》なんだし つかれてるんだよ
じゃあおれ そろそろ帰《かえ》るね
またすぐ来るよ
気《き》をつけてね
のそ…

ムック…？
ペロ…
ムック…
おれのこと わかるのか ムック…！
しっぽも ふってるわ
よかった 心配《しんぱい》したぞ ムック！

ふら…
ムック…!!
そのままムックは虹《にじ》の橋《はし》に行《い》った
最期《さいご》に昔《むかし》のムックにもどったのはきっと「さよなら」を伝《つた》えたいというムックの願《ねが》いを神様《かみさま》がかなえたんだろう
ありがとうムック
虹《にじ》のふもとでまた会《あ》おうな
MUCK

第《だい》11話《わ》
雨《あめ》上《あ》がりの空《そら》に
また会《あ》えたね
死《し》んでしまったはむきちを忘《わす》れられない由里花《ゆりか》は…。
やだ！絶対《ぜったい》やだ！
はむきちのケージを捨《す》てるなんて絶対《ぜったい》だめ！
由里花《ゆりか》…！
バタンッ
大好《だいす》きだったはむきちが
天国《てんごく》へ行《い》って半年《はんとし》——……

わたしは今《いま》でもはむきちが死《し》んじゃったことを受《う》け入《い》れられないでいる
お母《かあ》さんはもうはむきちのこと忘《わす》れちゃったの…？
ひょこっ
きっといつかまたソファの裏《うら》からひょっこり出《で》て…
しーん…

ただいまー
カチャ
お母《かあ》さん はむきちのケージは？
バタバタ
ああ あれね
おとなりのまみちゃんが ハムスター飼《か》うって言《い》うから ゆずったのよ
捨《す》てるより ずっといいじゃない
それに はむきちが使《つか》ってたケージで
またハムスターが くらしてくれるのよ

捨《す》てるのも
あげちゃうのも
わたしにとっては
いっしょだよ!!
由里花《ゆりか》…
ひどい!
ひどいよ!!
勝手《かって》に
あげちゃうなんて!
ずっとそばに
置《お》いておきたかった
のに…
ずっと…
ずっと…
ぱち

いつの間《ま》にか寝《ね》ちゃった…
お母《かあ》さんは…
かいものにいってきます
キラッ
ん！
なんだろう窓《まど》の方《ほう》…
カチャ
なにか光《ひか》ってる——……

はむきち！
やっぱりもどってきてくれたんだ！
でもどうしようもうケージが…
ぴょんっ
あ！
待《ま》ってはむきち！
あぶないよ！
車《くるま》や自転車《じてんしゃ》にひかれたら…
はむきち！
え…
あれ…

はむきちは
どこ…？
…ん？
ここは――…
はむきち！

こんにちは
あ… あの… これって…
それは羊毛《ようもう》フェルトでつくったハムスターなんです
はむきちにそっくり…
生《い》きているみたい…
よかったらお店《みせ》の中《なか》も見《み》てみませんか?
チャリン
ここは「ひまわり」
手芸《しゅげい》の道具《どうぐ》や布地《ぬのじ》をあつかうお店《みせ》なんです

手芸《しゅげい》ショップ
ひまわり
手芸教室《しゅげいきょうしつ》のお知《し》らせ
○月○日
○月○日
○月○日
はむきちも
ひまわりの種《たね》が大好《だいす》きだったな
お店《みせ》で手芸教室《しゅげいきょうしつ》もやってます
あの…かざってあったハムスターのお人形《にんぎょう》は売《う》ってるんですか？
あれは売《う》り物《もの》じゃなくて…
でも同《おな》じようなハムちゃんをつくる羊毛《ようもう》フェルトの教室《きょうしつ》がありますよ
羊毛《ようもう》フェルトは使《つか》う材料《ざいりょう》も少《すく》ないし
気軽《きがる》にできるハンドメイドですよ
月～日 00:
工作《こうさく》…苦手《にがて》だけど…
人形《にんぎょう》でもいい
もう一度《いちど》はむきちに会《あ》いたい

手芸教室《しゅげいきょうしつ》ひまわり
毛糸《けいと》フェルト
わたしはお母《かあ》さんに頼《たの》んで週《しゅう》1回《かい》の手芸教室《しゅげいきょうしつ》に通《かよ》いはじめた
カチャ
通《かよ》いはじめた理由《りゆう》？
じつは飼《か》ってたハムスターが死《し》んじゃってね
忘《わす》れられなくて…
人形《にんぎょう》でもいいから近《ちか》くに感《かん》じたいなって
わかる
わたしも小《ちい》さいころ飼《か》ってたハムスターが忘《わす》れられなくって
みんないっしょなんだ
みんな
ペットとの別《わか》れの悲《かな》しみをのりこえようとがんばってるんだね

――3か月後《げつご》
最後《さいご》の手芸教室《しゅげいきょうしつ》
コロンッ
完成《かんせい》ーー！
あら かわいくできた じゃない！
本当《ほんとう》！ かわいいね
えへへ
…あ 虹《にじ》だ
あら きれい
虹《にじ》のふもとでは 亡《な》くなったペットが そこに飼《か》い主《ぬし》が 来《く》るその日《ひ》までずっと 待《ま》っててくれるって お話《はなし》があるんです
はむきちも そこに いるのかな
工作《こうさく》の苦手《にがて》なわたしが ここまでつくれたのは きっと はむきちが 力《ちから》を貸《か》してくれたから… これは

はむきちが
わたしにくれたギフト
だから
大丈夫《だいじょうぶ》

あの日《ひ》 天国《てんごく》から
会《あ》いにきてくれて
ありがとう
はむきち

由里花《ゆりか》
おねーちゃん!
この子《こ》がわたしの
ハムちゃんだよ!

はむきちが
使《つか》っていた
ケージの中《なか》では
元気《げんき》な
ハムスターが
今《いま》を生《い》きていた

第《だい》12話《わ》

虹《にじ》の橋《はし》~もうひとつのお話《はなし》~

ある日《ひ》、傷《きず》ついたノラ犬《いぬ》と出会《であ》った千花《ちか》は…。

ばいばーい！
また明日《あした》ね
ばいばーい…
くーん
!!
ノラ犬《いぬ》
みたいだね
朝《あさ》になったら
どうぶつ病院《びょういん》に
連《つ》れていこう
だいじょうぶだよ
…ねえ
お母《かあ》さん

前《まえ》に虹《にじ》の橋《はし》のお話《はなし》をしてくれたけど…
この子《こ》みたいに飼《か》い主《ぬし》がいないどうぶつは死《し》んでしまったあとどうなるの？
虹《にじ》の橋《はし》に行《い》っても迎《むか》えに来《き》てくれる人《ひと》がいないよね
ひとりぼっちなの？
そんなことないよ
そっ
虹《にじ》の橋《はし》には生《い》きているときに愛《あい》されたことのないどうぶつたちもいるんだって
そんな子《こ》たちは同《おな》じように生《い》きているとき愛《あい》されたことのなかった人《ひと》と虹《にじ》の橋《はし》で出会《であ》って——

そこで
友《とも》だちになって
いっしょに天国《てんごく》へ
行《い》くんだって
そっか…
じゃあさみしく
ないんだね
でもやっぱり
できれば
お母《かあ》さんとカメ太《た》
みたいに
生《い》きているときに
幸《しあわ》せになってほしいな
…お母《かあ》さん
わたし
この子《こ》の飼《か》い主《ぬし》に
なりたい

お父《とう》さんに相談《そうだん》しようか
うん！
どんなに仲《なか》よしでもお別《わか》れしなきゃいけない日《ひ》がいつか来《き》てしまうからこそ
めいっぱい幸《しあわ》せにしてあげたい
お母《かあ》さんとカメ太《た》みたいに仲《なか》よくなれるといいな
これからよろしくね
わんっ！

第《だい》2章《しょう》

遠《とお》い空《そら》の下《した》でも

どうぶつと人《ひと》が仲《なか》よく
この地球《ちきゅう》でいっしょに生《い》きるため
わたしたちができることってなんだろう？

青空純物語《あおぞらじゅんものがたり》

第《だい》13話《わ》

壮太《そうた》の海外《かいがい》レポート

壮太《そうた》の海外《かいがい》ボランティア

虹《にじ》の橋《はし》のお話《はなし》をきっかけに、壮太《そうた》が起《お》こした行動《こうどう》は…。

大学《だいがく》の春休《はるやす》み前《まえ》
純《じゅん》ちゃんだ
純《じゅん》ちゃん
こないだの方《かた》から聞《き》いたんだけど「虹《にじ》の橋《はし》」続《つづ》きがあるの知《し》ってる？
そうなんだ!? どんなお話《はなし》？
虐待《ぎゃくたい》されたり飢《う》えに苦《くる》しんだり人《ひと》に愛《あい》されなかったどうぶつは…
同《おな》じように愛《あい》されたことのない人《ひと》と出会《であ》って
いっしょに虹《にじ》の橋《はし》をわたるんだって
虐待《ぎゃくたい》や飢《う》えに苦《くる》しむ…
そんな子《こ》たちもいるんだよな…
ん？

なになに？海外旅行《かいがいりょこう》？
海外《かいがい》ボランティアだって
先生《せんせい》の同期《どうき》が主催《しゅさい》してるんだ
海外《かいがい》でどうぶつの保護《ほご》活動《かつどう》をするんだよ
どうぶつの保護《ほご》…
行《い》ってみたいです！
じゃ申込書《もうしこみしょ》をわたすよ

ANIMAL CLINIC
ここは中央《ちゅうおう》アメリカのとあるどうぶつクリニック
捨《す》てられた犬《いぬ》や猫《ねこ》のケアと治療《ちりょう》を専門《せんもん》としているところだ
ぼくはホームステイしながら
Welcome!
Wao!
ここで獣医師《じゅういし》の補佐《ほさ》をすることになった

ここでの
ぼくの役割《やくわり》は
ごはんだよ――
エサやり
ゆっくり食《た》べなー
ガツ
ガツ
ガツ
お風呂《ふろ》
気持《きも》ちいいね―
散歩《さんぽ》
毎日《まいにち》の
健康《けんこう》チェック
予防接種《よぼうせっしゅ》の
補佐《ほさ》もする

壮太《そうた》 どうだい？
どうぶつたち みんなかわいくって！ 毎日楽《まいにちたの》しいです
……この国《くに》では 野犬《やけん》やノラ猫《ねこ》が 増《ふ》え続《つづ》けているんだ
ここにいる子《こ》たちも 少《すこ》し前《まえ》まで…
安全《あんぜん》な寝床《ねどこ》もなく 充分《じゅうぶん》な食事《しょくじ》もできず うろついていたんだよ
ズキン

そうか…日本《にほん》では考《かんが》えたことなかったな…
だからいっぱい遊《あそ》んでやってくれ
それがケアになるんだ
ポン
はいっ!
傷《きず》ついたどうぶつたちの心《こころ》を少《すこ》しでも癒《いや》したい…!
バフッ
ぐったり…
今《いま》まで全然《ぜんぜん》知《し》らなかったな…

ここに来《き》てよかった…!!
傷《きず》ついたどうぶつたちのためにできること
ばんっ
世界《せかい》のいろんな活動《かつどう》を調《しら》べてみよう!

第《だい》14話《わ》
壮太《そうた》の海外《かいがい》レポート

めざせ、どうぶつ天国《てんごく》！

どうぶつ好《す》きの圭吾《けいご》がオランダで見《み》た光景《こうけい》は…。

おれが獣医師《じゅういし》になりたいと思《おも》ったのは、高校《こうこう》１年《ねん》の夏休《なつやす》みだった。

その夏《なつ》、おれはいとこ一家《いっか》がくらしているオランダへ行《い》った。

オランダの空港《くうこう》から町《まち》へ行《い》くバスに乗《の》ると、犬《いぬ》が乗《の》っていた。飼《か》い主《ぬし》の足元《あしもと》に、ちょこんとおすわりしている。まわりの人《ひと》も、にこにこながめていた。

（へえ、オランダでは公共《こうきょう》の乗《の》り物《もの》でも、犬《いぬ》を移動用《いどうよう》ケージに入《い》れなくていいんだ）

犬《いぬ》はおれと目《め》が合《あ》うと、パタパタと、しっぽをふった。

（かわいいー。日本《にほん》でも、こんなふうにいっしょに移動《いどう》できたらいいのになあ）

停留所《ていりゅうじょ》でおりると、いとこの元春兄《もとはるにい》ちゃんが迎《むか》えてくれた。

「圭吾《けいご》！」

「元春兄《もとはるにい》ちゃん、ひさしぶり」

笑顔《えがお》をかわして、並《なら》んで歩《ある》き出《だ》す。

「家《いえ》は、こっちだよ」

元春兄《もとはるにい》ちゃんの案内《あんない》で通《とお》りを曲《ま》がると、犬《いぬ》を連《つ》れた人《ひと》がカフェに入《はい》るのが見《み》えた。

「フツーに、犬《いぬ》を連《つ》れてカフェに入《はい》れるんだね」

おれが感心《かんしん》して言《い》うと、元春兄《もとはるにい》ちゃんはにっと笑《わら》った。

「オランダはどうぶつ天国《てんごく》って、言《い》われてるよ」

「どうぶつ天国《てんごく》かあ」

おれは、さっきバスで見《み》かけた犬《いぬ》を思《おも》い出《だ》した。かわいかったな。

「どうぶつ好《ず》きな圭吾《けいご》にとっても、天国《てんごく》かもな」

元春兄《もとはるにい》ちゃんはそう言《い》ったあと、「ただし」と、つけ加《くわ》えた。

「オランダの飼《か》い主《ぬし》は、犬《いぬ》のトレーニングをしっかりする。しつけが行《い》き届《とど》いていれば、犬《いぬ》が好《す》きでない人《ひと》にも迷惑《めいわく》をかけないだろ？」

「そっか。オランダの人《ひと》はみんなどうぶつ好《ず》きだから、犬《いぬ》がバスに乗《の》るのをゆるしているのかと思《おも》ったけど、そういうわけでもないのか」

「どうぶつ好《ず》きな人《ひと》が多《おお》いのかもしれないけど、公《こう》共《きょう》の場《ば》でのマナーはあるさ。だれかを不愉快《ふゆかい》な思《おも》いにさせたら、どうぶつを連《つ》れてくるなって言《い》われるようになるかもしれないだろ。どうぶつが気持《きも》ちよくくらすには、やっぱり飼《か》い主《ぬし》の意識《いしき》が大事《だいじ》だよ」

そのとき、少《すこ》し先《さき》にあるアパートメントから、警察官《けいさつかん》とフレンチ・ブルドッグを連《つ》れた女性《じょせい》が出《で》てきた。

「アニマルポリスだ！」

元春兄《もとはるにい》ちゃんの言葉《ことば》に、おれは首《くび》をかしげた。

「アニマルポリス？」

「オランダではどうぶつの保護《ほご》の知識《ちしき》をもつ警察官《けいさつかん》が、アニマルポリスとして活躍《かつやく》しているんだ。かわいそうなどうぶつがいたら、市民《しみん》から通報《つうほう》がいくようになってる」

「へえー」

「通報《つうほう》があったら、アニマルポリスとどうぶつ愛護《あいご》団体《だんたい》の職員《しょくいん》が協力《きょうりょく》して調査《ちょうさ》する。どうぶつが虐待《ぎゃくたい》されていたり、水《みず》やエサを充分《じゅうぶん》にもらっていなかったり、つながれたままで散歩《さんぽ》されてなかったりしたら、保護《ほご》する。で、飼《か》い主《ぬし》は裁判《さいばん》で罪《つみ》を問《と》われることになる」

おれは元春兄《もとはるにい》ちゃんの説明《せつめい》を聞《き》きながら、アニマルポリスたちを見《み》つめた。

女性《じょせい》がフレンチ・ブルドッグといっしょに、通《とお》りに停《と》めた車《くるま》に乗《の》りこむ。

「じゃあ、あの犬《いぬ》は保護《ほご》されたところ？」

元春兄《もとはるにい》ちゃんが、うなずいた。

「だろうね。いま犬《いぬ》を車《くるま》に乗《の》せた女性《じょせい》は、動物愛護《どうぶつあいご》団体《だんたい》の職員《しょくいん》じゃないかな」

「あの犬《いぬ》は、どこに連《つ》れていかれるの？」

「どうぶつの保護施設《ほごしせつ》だよ」

「それって、日本《にほん》の保健所《ほけんじょ》みたいなところ？」

元春兄《もとはるにい》ちゃんは首《くび》をふった。

「日本《にほん》の保健所《ほけんじょ》より、どうぶつにとって居心地《いごこち》のいいところかな」

「そこは、見学《けんがく》できるの？」

「友《とも》だちが家族《かぞく》でよく行《い》くって言《い》ってたな。おれも行《い》ったことがないから、明日《あした》、行《い》ってみようか」

「うん、行《い》きたい！」

翌日《よくじつ》、おれたちは元春兄《もとはるにい》ちゃんの友《とも》だち、ベンが運転《うんてん》する車《くるま》で出《で》かけた。着《つ》いたのは、ショッピングモールのようなおしゃれな建物《たてもの》。

「えっ、これがどうぶつの保護施設《ほごしせつ》？」

中《なか》に入《はい》って、またまたびっくり。ペットグッズの販売《はんばい》コーナーや、トリミングコーナー、カフェのようなコーナーもある。
元春兄《もとはるにい》ちゃんは、ベンの説明《せつめい》を日本語《にほんご》に訳《やく》してくれた。
「かっこよくて、居心地《いごこち》がいい場所《ばしょ》なら、人《ひと》がたくさん来《く》る。新《あたら》しい飼《か》い主《ぬし》を見《み》つけるためにも多《おお》くの人《ひと》に来《き》てもらわないといけないだろ？　だってさ」
「なるほど」

屋内《おくない》のプレイルームにいる猫《ねこ》たちは、おもちゃで遊《あそ》んだりして、楽《たの》しそう。屋外《おくがい》の運動場《うんどうじょう》には、スタッフと遊《あそ》ぶ犬《いぬ》がいる。
「ここでは、行動《こうどう》に問題《もんだい》がある犬《いぬ》はトレーニングを受《う》けられるし、マッサージとか、弱《よわ》ったあしのケアを受《う》けることもできる。もちろん殺処分《さつしょぶん》されることはない。新《あたら》しい飼《か》い主《ぬし》に引《ひ》きとられるまで、ここでくらせる」
「すごい。そんなに大事《だいじ》にしてもらえるんだ」

おれが驚《おどろ》くと、ベンが説明《せつめい》を加《くわ》えた。

オランダだけでなく、となりのドイツにもどうぶつの保護施設《ほごしせつ》がたくさんある。

オランダやドイツでは、人間《にんげん》はどうぶつのすこやかに生《い》きる権利《けんり》を守《まも》らなければならない、という意《い》識《しき》が根《ね》づいているそうだ。

「オランダのペットショップで売《う》るのはエサやグッズだけで、どうぶつは売《う》ってない。どうぶつを飼《か》いたい人《ひと》は、ブリーダーから飼《か》うルールを確認《かくにん》されたうえで購入《こうにゅう》するか、どうぶつの保護施設《ほごしせつ》から、家庭《かてい》環境《かんきょう》などをくわしくきかれたうえでお金《かね》をはらってゆずり受《う》ける。命《いのち》の責任《せきにん》を負《お》う覚悟《かくご》をもたないと、どうぶつといっしょにはくらせないんだ」

ベンの説明《せつめい》を聞《き》いて、おれはだまりこんだ。

これまで、おれはどうぶつの権利《けんり》を守《まも》るなんて、考《かんが》えてもみなかった。

日本《にほん》では人間《にんげん》の勝《かっ》手《て》な事情《じじょう》で捨《す》てられ

るどうぶつがいて、保健所《ほけんじょ》に収容《しゅうよう》されたどうぶつの殺処分《さつしょぶん》が行《おこな》われている。そういう話《はなし》は聞《き》いていたけど、どこか他人《たにん》ごとのように思《おも》っていた。

「おれは、どうぶつの権利《けんり》なんて考《かんが》えたことがなかった。どうぶつ好《ず》きと言《い》ってきたのに、なんかはずかしいな……」

　おれがつぶやくと、元春兄《もとはるにい》ちゃんも「おれも考《かんが》えたことなかったよ」と、うなずいた。

「たしかに日本《にほん》は、動物愛護《どうぶつあいご》の取《と》り組《く》みがおくれているかもしれない。けど、これからでもいいだろ？　知《し》ったことをほかの人《ひと》に伝《つた》えていくっていうのも大事《だいじ》だよ」

　おれは、元春兄《もとはるにい》ちゃんの顔《かお》を見《み》た。

「そっか。そうだよな」

　施設《しせつ》のスタッフと話《はな》していたベンが、おれたちに言《い》った。

「ここのスタッフはどうぶつの生態《せいたい》を学《まな》び、その種《しゅ》に合《あ》った飼育《しいく》をしている。人間《にんげん》が心地《ここち》いいと思《おも》うことをどうぶつに当《あ》てはめても、どうぶつのためにならないからだってさ」

たとえば、猫《ねこ》の部屋《へや》。ガラス張《ば》りで明《あか》るく、人間《にんげん》からすると気持《きも》ちのいい空間《くうかん》に見《み》えるけれど、猫《ねこ》にとっては隠《かく》れる場所《ばしょ》が少《すく》なくて、ストレスになるという。保護施設《ほごしせつ》の環境《かんきょう》も、まだまだ改善《かいぜん》すべき点《てん》があるそうだ。

それからも、おれたちは施設《しせつ》を見《み》て回《まわ》った。あるコーナーでは、スタッフが犬《いぬ》のおもちゃを用意《ようい》していた。

（犬《いぬ》が退屈《たいくつ》してストレスをかかえないよう、工夫《くふう》しているんだ）

ほかにも多《おお》くのスタッフが働《はたら》く様子《ようす》を見《み》るうちに、おれのなかで新《あら》たな思《おも》いがわいてきた。

「おれもどうぶつのことをきちんと学《まな》んで、将来《しょうらい》はどうぶつにかかわる仕事《しごと》をしたいな」

「いいじゃん。獣医《じゅうい》とか、圭吾《けいご》にぴったりだ」

元春兄《もとはるにい》ちゃんが、にっと笑《わら》う。その笑顔《えがお》に背中《せなか》をおしてもらえたような気《き》がした。

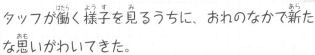

「獣医《じゅうい》、なれたらいいな。……いや、なれるよう、勉強《べんきょう》するよ」

「いいねえー。がんばれよ」

元春兄《もとはるにい》ちゃんが、バンッと、おれの背中《せなか》をたたいた。胸《むね》の奥《おく》がボッと熱《あつ》くなる。

（いや、獣医《じゅうい》になるだけじゃたりない。日本《にほん》もどうぶつ天国《てんごく》と言《い》われるようにしたい！）

おれは決意《けつい》を表《あらわ》すよう、強《つよ》くうなずいた。

「うん、がんばるよ！」

第《だい》15話《わ》 プラスチックゴミのゆくえ

壮太《そうた》の海外《かいがい》レポート

ウミガメが泳《およ》ぐ美《うつく》しい海《うみ》に、たくさんのゴミが…。

はじめての海外《かいがい》ひとり旅《たび》。テレビで見《み》てあこがれていた、美《うつく》しいタイの海《うみ》！

わたしは酸素《さんそ》ボンベを背負《せお》って、海《うみ》にもぐった。ダイビングのガイドさんの後《あと》をついて、泳《およ》いでいく。

（わあー、きれい）

遠《とお》くまで見《み》わたせる透《す》きとおった海《うみ》。サンゴのまわりに群《む》れる色《いろ》あざやかな魚《さかな》たち。

ガイドさんが指《ゆび》さす方《ほう》を見《み》ると、ウミガメが泳《およ》いでいた。前《まえ》あしをふわんふわんと上下《じょうげ》させている。

ウミガメはわたしたちに気《き》づくと、泳《およ》いで近《ちか》づいてきた。興味《きょうみ》があるのか、わたしの顔《かお》をのぞきこむ。

（かわいいー）

ウミガメがわたしの横《よこ》を泳《およ》ぎ、ゆっくりと離《はな》れていった。

（うれしいっ。ウミガメといっしょに泳《およ》げた！）

わたしは海《うみ》の中《なか》の景色《けしき》に胸《むね》をおどらせた。

（ん？　あれはなんだろう？　クラゲ……じゃないし、ゴミ？）

サンゴの間《あいだ》や海底《かいてい》に、漁具《ぎょぐ》の残《ざん》がいらしきものやプラスチックの破片《はへん》が見《み》える。

（せっかくきれいな海《うみ》なのに……）

わたしは船《ふね》にあがると、ガイドさんにきいた。

「海《うみ》の中《なか》にいくつもゴミがありましたけど、あのままでいいんですか？」

ガイドさんは顔《かお》をしかめて、首《くび》を横《よこ》にふった。

「いいわけないよ。ウミガメやクジラ、ジュゴンがまちがえて食《た》べて死《し》んでしまったり、ビニール袋《ぶくろ》や漁具《ぎょぐ》にからまって死《し》んでしまったり。今《いま》、問題《もんだい》になっているんだ」

「え……」

さっきのウミガメが頭《あたま》に浮《う》かぶ。

（あの子《こ》がまちがえて、プラスチックを食《た》べてしまったら……）

わたしは少《すこ》し考《かんが》えて、ガイドさんにきいた。

「ゴミをなくすことはできないんですか？」

「そう思《おも》うなら、明日《あした》の朝《あさ》ビーチにおいで。ゴミをひろう活動《かつどう》をしているから」

「はい、行《い》きます！」

　わたしははりきって、うなずいた。

　翌朝《よくあさ》ビーチに行《い》くと、10人《にん》ぐらいの人《ひと》が集《あつ》まっていた。ガイドさんが手《て》をあげる。

「ヒナさん、こっちです」

　わたしはガイドさんのもとへ行《い》き、ゴミ袋《ぶくろ》を受《う》けとった。

　そうしてゴミをひろおうとして、驚《おどろ》いた。

　波打《なみう》ち際《ぎわ》にペットボトルやビニール袋《ぶくろ》など、たくさんのゴミが打《う》ちあげられている。

「こんなに……」

　ひろってもひろっても、きりがない。

　その向《む》こうに広《ひろ》がるエメラルドグリーンの海《うみ》を見《み》て、わたしはため息《いき》をついた。

「ぱっと見《み》ると、きれいな海《うみ》なのに」

同《おな》じようにゴミひろいに参加《さんか》していた日本人《にほんじん》の女《じょ》性《せい》が、わたしに言《い》った。

「タイだけでなく、世界中《せかいじゅう》の海《うみ》にゴミがただよっているんです」

「そうなんですか？」

「ええ。ビニール袋《ぶくろ》もペットボトルも、しぜんに分《ぶん》解《かい》されないものですから、ひとたび海《うみ》に流《なが》れ出《で》たら、ずっとただよい続《つづ》けることになるんです」

わたしははっとした。

（そういえばニュース番組《ばんぐみ》で、ストローの使用《しよう》をやめる運動《うんどう》が広《ひろ》まっていると報道《ほうどう》してたっけ。わたしには関係《かんけい》ないように思《おも》っていたけど……）

女性《じょせい》が続《つづ》けて言《い》う。

「ウミガメの保護《ほご》センターには行《い》きましたか？」

「え？　いいえ」

わたしが首《くび》をふると、女性《じょせい》はにっこりほほえんだ。

「ここからそう遠《とお》くないので、行《い》ってみるといいですよ」

その日《ひ》の午後《ごご》、わたしはウミガメ保護《ほご》センターへ行《い》った。入《い》り口《ぐち》でチケットを買《か》い、施設《しせつ》のパンフレットをもらう。

この施設《しせつ》ではビーチに産卵《さんらん》されたウミガメの卵《たまご》を保護《ほご》し、誕生《たんじょう》したウミガメの赤《あか》ちゃんを育《そだ》てて海《うみ》にかえしたり、傷《きず》ついたウミガメを保護《ほご》しているという。

わたしは最初《さいしょ》のプールをのぞいて、声《こえ》をあげた。

「かわいい！」

ウミガメの赤《あか》ちゃんたちがふわふわ浮《う》かんでいたり、よちよち泳《およ》いでいたりする。

「あー、見《み》ているだけでなごむ」

だけど、次《つぎ》のプールでは言葉《ことば》をなくした。

甲《こう》らが変形《へんけい》しているウミガメや、あしが欠《か》けているウミガメが泳《およ》いでいる。

説明《せつめい》を読《よ》むと、甲《こう》らが変形《へんけい》したのは漁具《ぎょぐ》の残《ざん》がいにはまったまま成長《せいちょう》したから。船《ふね》にぶつかって甲《こう》らが傷《きず》ついたり、あしを失《うしな》ったりする事故《じこ》も多《おお》いという。

（わたしもダイビングで船《ふね》に乗《の》った。それに、わたしがゴミ箱《ばこ》に捨《す》てたペットボトルが、そのあとどのように処分《しょぶん》されているかはわからない。もし、きちんと処分《しょぶん》されないまま放置《ほうち》され、海《うみ》に流《なが》れたとしたら……）

海《うみ》の問題《もんだい》は遠《とお》い場所《ばしょ》で起《お》きていて、わたしには関係《かんけい》ないことだと思《おも》っていた。

（でも、海《うみ》はつながっている。日本《にほん》にくらしていても、なにを買《か》って使《つか》うのかを考《かんが》えないといけないんだ……）

もやもやした気持《きも》ちでいると、壁《かべ》に掲示《けいじ》されているボランティア募集《ぼしゅう》のポスターが目《め》に入《はい》った。

（これなら、わたしにもできそう！）

翌日《よくじつ》、わたしはビーチのゴミひろいを終《お》えると、ウミガメ保護《ほご》センターへ行《い》った。

プールの掃除《そうじ》と、ウミガメの甲《こう》らについたコケをとりのぞくボランティア活動《かつどう》に参加《さんか》するためだ。

ボランティア15人《にん》ほどで、水《みず》をぬいたプールに入《はい》り、ブラシで床《ゆか》や壁《かべ》をみがいていく。

それが終《お》わると、ウミガメの甲《こう》らみがきだ。

ウミガメたちがプールをぺたぺた歩《ある》き回《まわ》る。わたしは近《ちか》くにいるウミガメの甲《こう》らをスポンジでみがいた。

「気持《きも》ちいい？」
　ウミガメが目《め》を細《ほそ》める。
「もう、かわいすぎ！」
　すると、となりで作業《さぎょう》をしていた男性《だんせい》が、わたしに話《はな》しかけてきた。
「こんにちは。あなたはどこから来《き》たの？」
「わたしは日本《にほん》から来《き》ました」
「そう。ぼくはアメリカから。ぼくたちの生活《せいかつ》が、海《うみ》の生《い》き物《もの》を生《い》きにくくさせていると知《し》って、環境《かんきょう》保護《ほご》プロジェクトに参加《さんか》したんだ」
　わたしは目《め》を見開《みひら》いた。
「すごい。目的《もくてき》をもって、タイにいらしたんですね。わたしはただ遊《あそ》びに来《き》て、海《うみ》のゴミのことを知《し》ったんです」
「それでボランティアに参加《さんか》したの？　そっちの方《ほう》が、すごいよ」
　ほめられて、わたしは照《て》れくさくなった。
「そ、そうですか？」

「あなたは、すぐ行動《こうどう》にうつせる人《ひと》なんだね」
　男性《だんせい》は逃《に》げようとするウミガメに
「ストップ、ストップ」
と笑《わら》って声《こえ》をかける。わたしもつられて、クスクス笑《わら》った。
（タイに来《こ》なければ、プラスチックゴミの問題《もんだい》について考《かんが》えることもなかった。でも、知《し》ったからにはきちんと向《む》き合《あ》いたい）
　わたしはウミガメの甲《こう》らを、そっとなでた。

ここはカナダのトロント
ミサト！
今日《きょう》からスタートね
がんばって！
ホストマザー
わたしは島崎美里《しまざきみさと》
獣医大学《じゅういだいがく》の動物看護学科《どうぶつかんごがっか》2年《ねん》
はい！
行《い》ってきます！
第《だい》16話《わ》
愛《あい》しているからこそ…
壮太《そうた》の海外《かいがい》レポート
美里《みさと》はカナダのどうぶつ病院《びょういん》である体験《たいけん》をして…。
はっ
はっ
海外《かいがい》でどうぶつにかかわるボランティアをしてみたくて
どうぶつ病院《びょういん》で看護《かんご》を体験《たいけん》する1か月《げつ》のプログラムに申《もう》しこんだ

カナダにしたのは動物愛護《どうぶつあいご》が進《すす》んでいる国《くに》のひとつだから
飼《か》い主《ぬし》のとなりにぴったりついてる犬《いぬ》もリードなしで通《とお》りを歩《ある》いていいんだ
そして自然《しぜん》が豊《ゆた》かなところも魅力《みりょく》
タタ
わっ!
リスだ…!
びっくりした
リスが通《とお》っても飛《と》びかかったりしない落《お》ち着《つ》いて歩《ある》いてる
カナダの犬《いぬ》はしっかりトレーニングされているんだ

どうぶつ病院《びょういん》
はじめまして ミサト
わたしは動物看護師《どうぶつかんごし》のサリーよ
ぼくは獣医師《じゅういし》のハンだ
みなさんよろしくお願《ねが》いします！
今日《きょう》からここがわたしの職場《しょくば》
ドキドキ
いったいなにをするのかな
チリン
患者《かんじゃ》さんが来《き》た！
タタッ

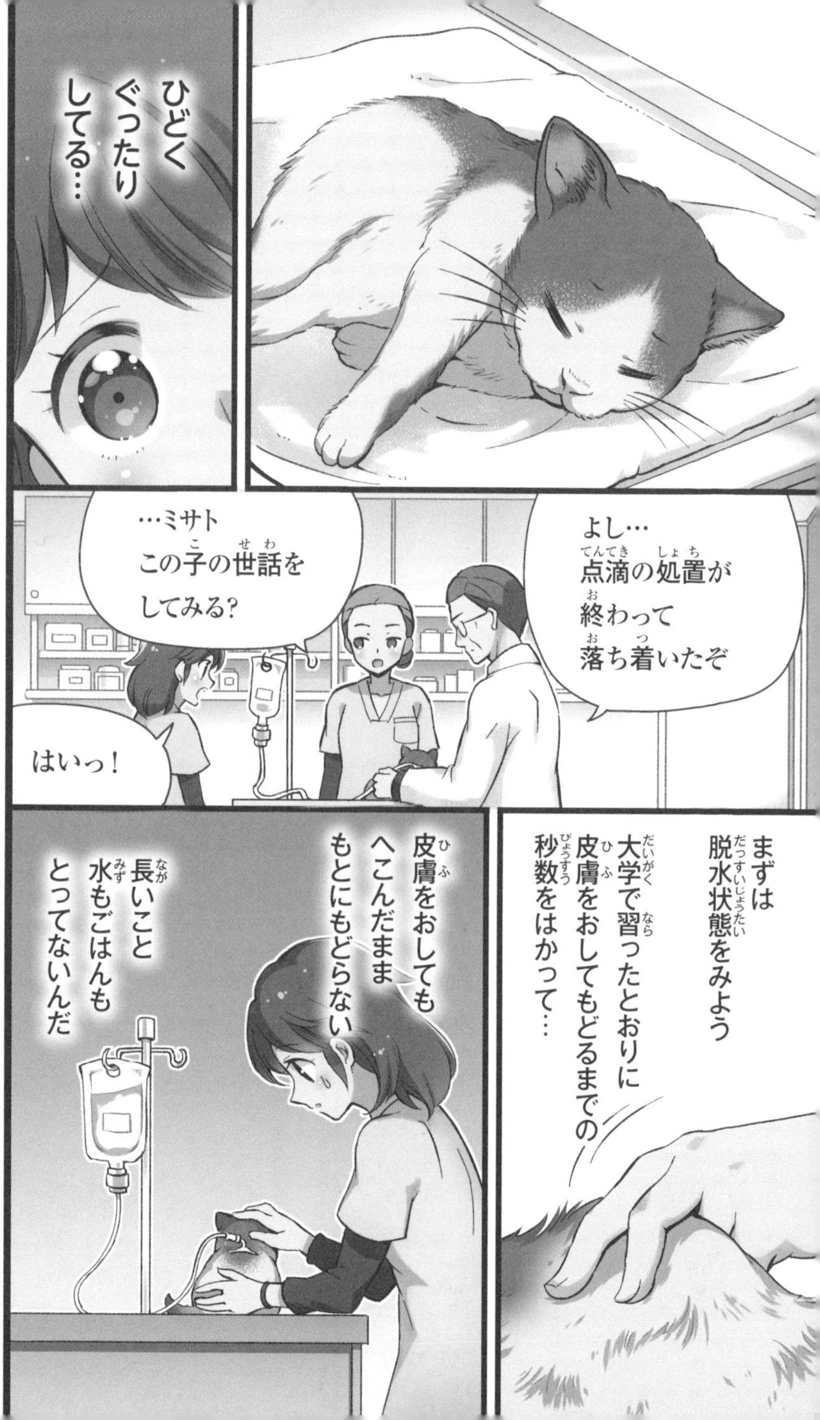
ひどく ぐったり してる…
よし… 点滴《てんてき》の処置《しょち》が 終《お》わって 落《お》ち着《つ》いたぞ
…ミサト この子《こ》の世話《せわ》を してみる?
はいっ!
まずは 脱水状態《だっすいじょうたい》をみよう
大学《だいがく》で習《なら》ったとおりに 皮膚《ひふ》をおしてもどるまでの 秒数《びょうすう》をはかって…
皮膚《ひふ》をおしても へこんだまま もとにもどらない
長《なが》いこと 水《みず》もごはんも とってないんだ

エサを
ハンドミキサーで
ドロドロにして
注射器《ちゅうしゃき》で少《すこ》しずつ…
ごはんだよ
ゆっくりでいいから
飲《の》みこんで…
こくっ。
上手《じょうず》
上手《じょうず》！
ぱあっ
よかったあ…！
よし…
この調子《ちょうし》で
がんばろう

なにかお手伝《てつだ》い させてください！
そうね この子《こ》の爪《つめ》切《き》りを お願《ねが》いできる？
はい！ 任《まか》せてください
大学《だいがく》の実習《じっしゅう》で教《おそ》わったとおりに処置《しょち》はていねいに…
もっと大《おお》きく切《き》って！ 処置《しょち》の時間《じかん》が長《なが》いとどうぶつへの負担《ふたん》も大《おお》きくなるわ
ええっ！？ は はい！
血《ち》が出《で》ても止血剤《しけつざい》でとめられるから心配《しんぱい》しないで
そうか 日本《にほん》とはちがうのね
ここではどうぶつに負担《ふたん》をかけないよう処置《しょち》を早《はや》くするっていうのが基本姿勢《きほんしせい》なんだ

新《あたら》しい
患者《かんじゃ》さん？
年老《としお》いた
シーズー…
飼《か》い主《ぬし》さん
なんだか
とてもつらそう
ズキッ…
あの子《こ》は
心臓《しんぞう》が悪《わる》くてね
飼《か》い主《ぬし》さんが
一生懸命《いっしょうけんめい》に
看護《かんご》しているの
——きっと
大切《たいせつ》な
家族《かぞく》なんだ
どうか
よくなります
ように…
それから3日後《かご》

あの猫《ねこ》ちゃん
調子《ちょうし》はどうかな
おはよう
ニャ…
鳴《な》いた！
元気《げんき》が
出《で》てきたんだ！
すぐにごはん
つくるからね！
――ミサト
その子《こ》には
もうエサを
やらなくていいわ
検査《けんさ》の数値《すうち》が悪《わる》くなって
回復《かいふく》の見込《みこ》みがないから
安楽死《あんらくし》させることに
決《き》まったのよ
!!

安楽死《あんらくし》――
余命《よめい》わずかのペットに
獣医師《じゅういし》の手《て》によって
行《おこな》われる
苦痛《くつう》のない死《し》
日本《にほん》では
賛成《さんせい》 反対《はんたい》の意見《いけん》が
分《わ》かれていて
欧米《おうべい》とは受《う》けとめ方《かた》が
ちがう
そんな
少《すこ》し元気《げんき》になったように
見《み》えるのに…
そして――
いない…
安楽死《あんらくし》
させられたんだ…
ミサト！
患者《かんじゃ》さんが来《き》たわ
はっ…
はい！
みんな
いつもどおりに
働《はたら》いてる…
まるでなにも
なかったみたいに
さみしいのは
わたしだけ？

そう　安楽死《あんらくし》…それは難《むずか》しい問題《もんだい》ね
どうぶつの命《いのち》の期限《きげん》を人間《にんげん》が決《き》めるなんて…
でも苦《くる》しんでいるどうぶつを無理《むり》に長生《ながい》きさせるのも人間《にんげん》の身勝手《みがって》な都合《つごう》じゃないかしら？
え…
人間《にんげん》の身勝手《みがって》…
次《つぎ》の朝《あさ》…
先生《せんせい》これ以上《いじょう》はもう…
ゼェゼェ…
シーズーすごく苦《くる》しそう
もしかして…

…処置《しょち》が終《お》わりました
ああっ…今《いま》まで苦《くる》しい思《おも》いをさせてごめんね…
わあっ
つらい思《おも》いをさせてごめんね…
——そうか…
この人《ひと》はこの子《こ》を苦《くる》しみから解放《かいほう》してあげたんだ

愛《あい》しているからこそ
別《わか》れを決断《けつだん》したんだ
うちの子《こ》に
なってくれて
ありがとう…！
安楽死《あんらくし》も
悪《わる》いものでは
ないのかも
しれない…
そして最終日《さいしゅうび》
日本《にほん》では
学《まな》べないことを
たくさん
学《まな》べました！
ミサト
またいつでも
おいで
はい！
将来《しょうらい》は
海外《かいがい》にくらして
どうぶつにかかわる
仕事《しごと》をしよう！

こんな活動《かつどう》も
あるんだ
知《し》らなかった

純《じゅん》ちゃんに
話《はな》したいな
海外《かいがい》ボランティアの
報告《ほうこく》もかねて…
ズッ

純《じゅん》ちゃん

こんばんは
純《じゅん》ちゃん久《ひさ》しぶり。元気《げんき》？

既読
21:00

21:01

もうすぐ春休《はるやす》み終《お》わっちゃうねー
どこか行《い》ったりしたの？

21:01

じつは、海外《かいがい》へ行《い》ってたんだ

既読
21:02

いいなあ 旅行《りょこう》？

21:02

大学《だいがく》の先生《せんせい》の紹介《しょうかい》でどうぶつ
クリニックへボランティアに！

既読
21:03

そうだったんだ！！
どんなことしたの？！

21:04

捨《す》て犬《いぬ》や猫《ねこ》のケアをしたよ！
予防注射《よぼうちゅうしゃ》も手伝《てつだ》った

既読
21:04

壮太《そうた》くん
21:05
21:05
壮太《そうた》くん、とってもいい顔《かお》してる！
ワンちゃんも♡
既読
21:06
イイネ
既読
21:06
ありがとう
21:06

21:10
壮太くん
海外《かいがい》ボランティア
すごく勉強《べんきょう》になったよ
21:08
また話《はなし》
聞《き》かせてね!
既読
21:09
OK
21:10
よろしく
既読
21:12
飢《う》えや虐待《ぎゃくたい》に
苦《くる》しむどうぶつ…
ふれあうことが
ケアになるんだ…
それにしても
虹《にじ》の橋《はし》のお話《はなし》を
きっかけに
行動《こうどう》を
起《お》こすなんて
壮太《そうた》くん
すごいなあ
わたしも
できること
調《しら》べてみよう!

どうぶつにかかわる 海《かい》外《がい》ボランティアレポート

ぼくの友《とも》だちのボランティア活動《かつどう》を紹介《しょうかい》するよ！

タイのウミガメ保護《ほご》センターへ

もともとウミガメに興味《きょうみ》のあったおれは、タイの保護《ほご》センターへボランティアに行《い》ったんだ。ウミガメの甲《こう》らみがきや水槽《すいそう》の掃除《そうじ》、卵《たまご》の保護《ほご》も手伝《てつだ》った。ウミガメのために、自分《じぶん》にはなにができるか、これからも考《かんが》え続《つづ》けていきたい。

中国《ちゅうごく》でジャイアントパンダの保護活動《ほごかつどう》

わたしは中国《ちゅうごく》にあるパンダの保護研究《ほごけんきゅう》センターへ。野生《やせい》パンダの保護《ほご》や、人《じん》工的《こうてき》に育《そだ》てたパンダを野生《やせい》にかえす活動《かつどう》をしている施設《しせつ》だよ。わたしはエサやりや掃除《そうじ》などを担当《たんとう》したんだ。赤《あか》ちゃんパンダがかわいくて癒《いや》されちゃった！

タイで大好《だいす》きなゾウのお世話《せわ》

わたしが行《い》った国《くに》はタイ。けがを負《お》ったゾウのお世話《せわ》をしている保護《ほご》センターで働《はたら》いたよ。わたしの仕事《しごと》はゾウにエサをやったり、水《みず》あびのお手伝《てつだ》いをしたりすること。大好《だいす》きなゾウと毎日《まいにち》ふれあえて、とってもうれしかった！

アフリカの畜産農場《ちくさんのうじょう》で医療活動《いりょうかつどう》

ぼくの夢《ゆめ》は牧場《ぼくじょう》で働《はたら》く獣医師《じゅういし》になること。ボランティアでは、現地《げんち》の獣《じゅう》医師《いし》といっしょに畜産農場《ちくさんのうじょう》へ行《い》って、ヤギやブタ、ニワトリなどの診《しん》察《さつ》や治療《ちりょう》の補佐《ほさ》をしたんだ。この活《かつ》動《どう》をとおして、夢《ゆめ》を現実《げんじつ》にしたいという思《おも》いが強《つよ》まったよ。

日本《にほん》でもできる どうぶつボランティア

わたしたちの身近《みぢか》で行《おこな》われている活動《かつどう》を調《しら》べてみたよ！

保護施設《ほごしせつ》で犬《いぬ》のお世話《せわ》

保護施設《ほごしせつ》でのボランティアは、ケージの掃除《そうじ》やエサやり、健康状態《けんこうじょうたい》の確認《かくにん》、散歩《さんぽ》などがおもな仕事《しごと》だよ。なかには、人間《にんげん》に傷《きず》つけられおびえている子《こ》もいるから、時間《じかん》をかけてふれあうことで心《こころ》のケアもしてあげるんだ。

どうぶつのための募金活動《ぼきんかつどう》

残念《ざんねん》ながら、日本《にほん》では多《おお》くのどうぶつが殺処分《さつしょぶん》されている。この子《こ》たちの命《いのち》を救《すく》うためには、お金《かね》も必要《ひつよう》なんだ。募金《ぼきん》で集《あつ》まったお金《かね》は、保護施設《ほごしせつ》でくらす犬《いぬ》や猫《ねこ》のワクチン接種《せっしゅ》や不妊手術《ふにんしゅじゅつ》、ごはん代《だい》などに使《つか》われるよ。

猫《ねこ》を保護《ほご》して飼《か》い主《ぬし》を探《さが》す

行《い》き場《ば》のない猫《ねこ》を保護《ほご》する方法《ほうほう》のひとつに、自分《じぶん》の家《いえ》で一時的《いちじてき》にあずかるという方法《ほうほう》もあるよ。また、譲渡会《じょうとかい》という猫《ねこ》の新《あたら》しい飼《か》い主《ぬし》を見《み》つけるイベントで、会場《かいじょう》のお手伝《てつだ》いをするボランティアも必要《ひつよう》とされているんだ。

どうぶつボランティア Q&A

ボランティアに興味《きょうみ》をもったら、まずは情報収集《じょうほうしゅうしゅう》！
どんな活動《かつどう》があるのか、調《しら》べることからはじめてみよう。

Q どうやって探《さが》せばいいの？

A インターネットで検索《けんさく》する人《ひと》も多《おお》いけれど、学校《がっこう》の先生《せんせい》に相談《そうだん》して、学《がっ》校《こう》をとおしてボランティアを紹介《しょうかい》してもらうのがいいね。地域《ちいき》の「ボランティアセンター」の窓口《まどぐち》に相談《そうだん》するという方法《ほうほう》もあるよ。

Q 気《き》をつけることは？

A ボランティアによっては参加費用《さんかひよう》がかかるものがあるから、資料《しりょう》をよくチェックしよう。また、自分《じぶん》の能力《のうりょく》でできる範囲《はんい》の内容《ないよう》か、学校《がっこう》の勉強《べんきょう》や部活動《ぶかつどう》と両立《りょうりつ》してできる活動《かつどう》か、おうちの人《ひと》ともよく相談《そうだん》してみてね。

Q ボランティアで得《え》られることは？

A 学校以外《がっこういがい》でさまざまな年齢《ねんれい》の人《ひと》とかかわることで、視野《しや》が広《ひろ》がるよ。同《おな》じ目的《もくてき》をもつ仲間《なかま》ができるのもうれしいね。そんな仲間《なかま》とともに協力《きょうりょく》した経験《けいけん》は、学習発《がくしゅうはっ》表会《ぴょうかい》や運動会《うんどうかい》などの学校行事《がっこうぎょうじ》でも必《かなら》ず役《やく》に立《た》つはずだよ。

第《だい》3章《しょう》

ずっと心《こころ》のなかに…

キミと過《す》ごした時間《じかん》はキラキラ輝《かがや》く宝石《ほうせき》みたい。
大切《たいせつ》なキミのこと、いつまでも忘《わす》れないよ。
いつかきっと、虹《にじ》の橋《はし》で再会《さいかい》しよう——。

青空純《あおぞらじゅん》物語《ものがたり》

第《だい》17話《わ》

虹《にじ》の橋《はし》の「雨降《あめふ》り地区《ちく》」

買《か》い物《もの》していた純《じゅん》は、たまたま立花先生《たちばなせんせい》と会《あ》って…。

コロロにおみやげも買《か》おうかな
立花《たちばな》先生《せんせい》!
ばったり
あっ
青空《あおぞら》さん
お買《か》い物《もの》ですか?
うん
今《いま》どこかでコーヒーでもと思《おも》ってたんだ
いっしょにどう?
はいっ

なんだかデートみたい!!
ドキドキ
春休《はるやす》みだっけ?
はい
そういえば壮太《そうた》くんが…
壮太《そうた》くん…
むむ
中央《ちゅうおう》アメリカでどうぶつの保護《ほご》のボランティアをしたんです
すごく勉強《べんきょう》になったって言《い》ってました
居場所《いばしょ》のない傷《きず》ついたどうぶつたちがたくさんいるって…
でも人《ひと》とふれあうことで元気《げんき》になれるんだって
どうぶつも人《ひと》もふれあうことがケアになるんだよね
本当《ほんとう》にそうです!
ノラだった流奈《るな》の猫《ねこ》も…
あっ!

流奈《るな》のひろった子猫《こねこ》の診察《しんさつ》ありがとうございました
その後《ご》どう?
子猫《こねこ》ちゃんすごく元気《げんき》で
流奈《るな》も悲《かな》しい過去《かこ》をのりこえられたみたいです
そっか…よかった!
わたしがコロロを飼《か》いはじめたときもそうだった…
どうぶつが人《ひと》を癒《いや》してくれる力《ちから》は本当《ほんとう》にすごい!

この間病院《あいだびょういん》で
虹《にじ》の橋《はし》のお話《はなし》を
聞《き》いたんです
ああ　じゃあ
雨降《あめふ》り地区《ちく》の話《はなし》も？
え？
それは知《し》らないです
虹《にじ》の橋《はし》のふもとへ行《い》ったどうぶつは
地上《ちじょう》にいる飼《か》い主《ぬし》が悲《かな》しんでいる間《あいだ》は
その雨降《あめふ》り地区《ちく》にとどまっているんだ

雨降《あめふ》り地区《ちく》に降《ふ》っている雨《あめ》は
残《のこ》してきた飼《か》い主《ぬし》の涙《なみだ》なんだって
たいていの子《こ》はしばらくするとこの場所《ばしょ》を出《で》て行《い》くけど
なかにはずっとそこに居《い》る子《こ》もいるんだって
そう思《おも》うといつまでも泣《な》いてはいられないよね

※『感動《かんどう》のどうぶつ物語《ものがたり》 運命《うんめい》とキズナ』を見《み》てね。

今《いま》は
あたたかい
日《ひ》ざしのなかで
かけ回《まわ》って
いたらいいな

第《だい》18話《わ》
25グラムの幸《しあわ》せ

いろはが小鳥《ことり》を好《す》きになったきっかけとは…。

ここは小鳥《ことり》カフェ
「kotori《コトリ》のごはんやさん」
Kotoriのごはんやさん
今日《きょう》もお客《きゃく》さんでにぎわっている
ピルルル
ピィッ
きゃーーっ
インコかわいいーっ!
チチッ
チチ
インコたち楽《たの》しそう♪
大切《たいせつ》に育《そだ》てられているのね
お待《ま》たせしました!

小鳥《ことり》ケーキセットです♪
きゃ〜♡
オカメインコと小桜《こざくら》インコだ！
食《た》べるのもったいない〜〜！
オーナーさん
本当《ほんとう》に鳥《とり》が好《す》きなのねえ
Menu
わたしはカフェのオーナー
白石《しらいし》いろは

わたしが小鳥《ことり》を好《す》きになったのは
ピッピとの出《で》会《あ》いがあったから――……
あれは
小学《しょうがく》4年生《ねんせい》のときだった
いろはちゃーん
え？
は…はいっ

ボール
いったよー
え？
あっ
ぼんっ
わっ
おそーいっ
ごめ…
いろはって
本当《ほんとう》ドジ
だなー
くすっ
涼太《りょうた》くん！
りょーた
やろーぜっ
おー

わたしって
いつも
こんなふう
ドジで
運動《うんどう》も勉強《べんきょう》も
苦手《にがて》で…
……
お友《とも》だちも
いなくて
いつも
ひとりぼっち
ただいま～
ガラッ
いろは！
そこ閉《し》めて！
ん？
とすっ
きゃっ

頭《あたま》に なにか乗《の》った〜!
とって〜!!
すっ
ほら この子《こ》よ
…え
ピ
ちょこんっ
わ!
白《しろ》い…鳥《とり》
白文鳥《はくぶんちょう》って いう鳥《とり》よ
お父《とう》さんが ペットショップで 働《はたら》いてる友《とも》だちに ゆずってもらったん ですって
ほら よく 見《み》てごらん

白文鳥《はくぶんちょう》なのに
グレーの斑点《はんてん》があるだろ？
それで売《う》れ残《のこ》っていた子《こ》なんだよ
そうなんだ…
いろはも触《さわ》ってみる？
う…うんっ
ちょんっ
ピ
わ…
ピィッ
かわいい…っ！
この子《こ》の名前《なまえ》…

ピッピにしよう！
ピッピ！
ただいまーっ
ガチャッ
ピルルッ
ピルルル
今《いま》から宿題《しゅくだい》するねっ
家《いえ》に帰《かえ》ればピッピがいた

ピッピが水《みず》あびしてる!!
ピッピがいたから
うたうたってるー
オスかな?
今日《きょう》ね学校《がっこう》でねっ
ひざの上《うえ》でねちゃったー
ひとりぼっちじゃなくなったの
いろはっ
部活《ぶかつ》終《お》わった?
いっしょに帰《かえ》ろー!

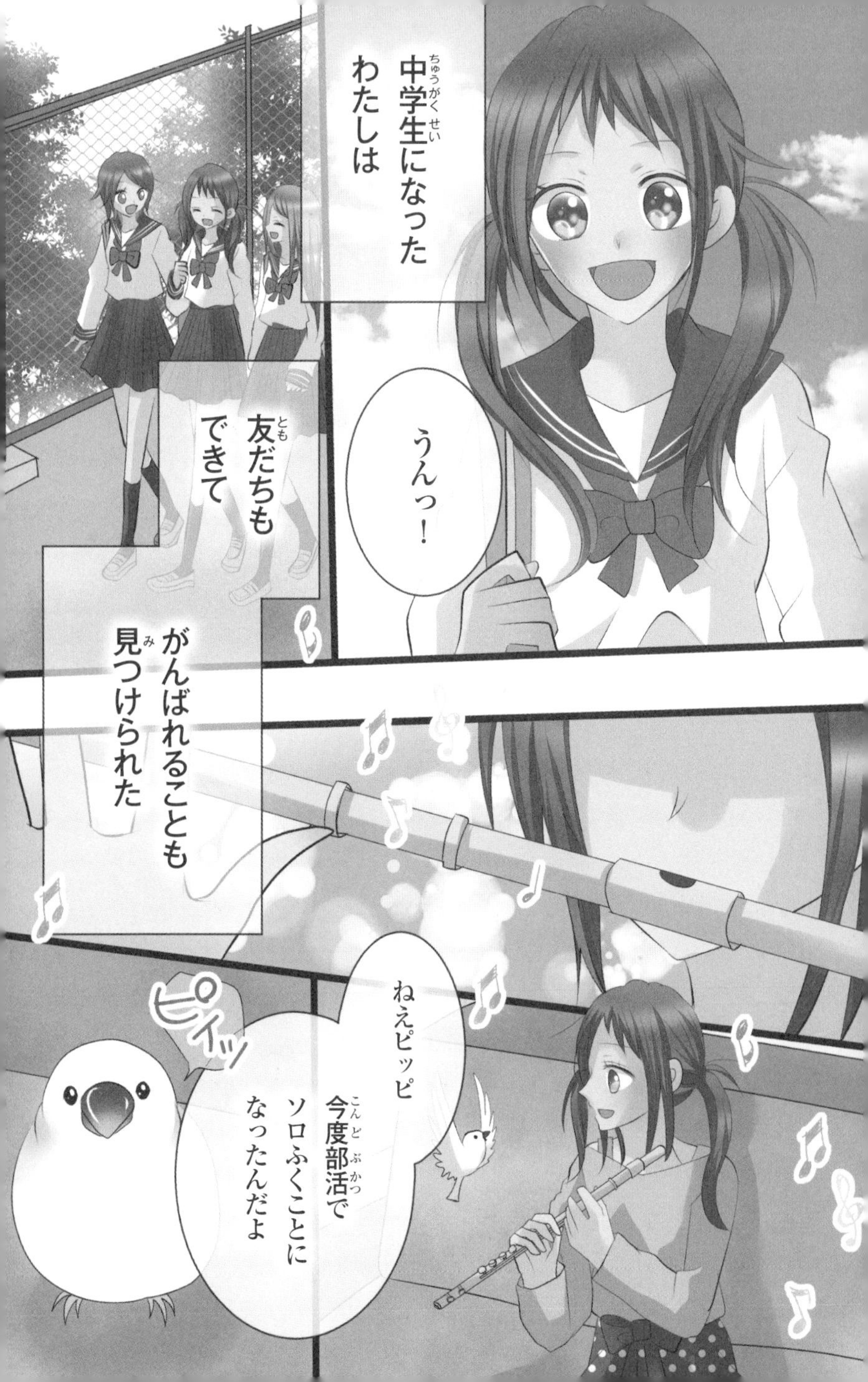
中学生《ちゅうがくせい》になった
わたしは
うんっ!
友《とも》だちも
できて
がんばれることも
見《み》つけられた
ねえピッピ
今度《こんど》部活《ぶかつ》で
ソロふくことに
なったんだよ
ピイッ

見《み》ててね ピッピ
わたし がんばるね
びくっ
びっくり した…
車《くるま》かあ
はっ
ピッピ!!
うそっ
網戸《あみど》が 開《あ》いてた!?
だめ! ピッピ!!

だっ
ピッピ!
ピッピ!
ピッピー!!
あれ? いろは
なにしてんの ひとりで…
涼太《りょうた》くん
うちのインコが…
ピッピが逃《に》げちゃったの!
えっ… おれも探《さが》すよ
ピッピー!
ピッピ!
ピッピ どこ!?

SNS《エスエヌエス》を使《つか》ってみよう!
インコの特徴《とくちょう》は?
特徴《とくちょう》…
ピッピは…
白文鳥《はくぶんちょう》だけど背中《せなか》に班点《はんてん》があるの!
よし!
2日《か》後《ご》——
いろは!
ピッピが見《み》つかって…
ほんとに!?

ああ
この班点《はんてん》
ピルル
まちがいなく
ピッピです！
ピイイッ
いろはは
見《み》つかって
よかったな
涼太《りょうた》くん…
ありがとね
いや…
それから
月日《つきひ》は流《なが》れ

ピッピは
10歳《さい》で亡《な》くなった
わたしのひざの上《うえ》で
まるで眠《ねむ》っているかのように――…
Kotoriのごはんやさん
お客《きゃく》さまこちらおみやげでございます
まあ!
かわいい砂糖菓子《さとうがし》ね!
はいっ
この砂糖菓子《さとうがし》は25グラムで…

文鳥《ぶんちょう》の平均的《へいきんてき》な重《おも》さなんですよ
小《ちい》さな大切《たいせつ》な命《いのち》の重《おも》さ———…
ピルッ
ピッピのくれた宝物《たからもの》のような日々《ひび》を胸《むね》に
kotoriのごはんやさん
わたしは今日《きょう》もまた
お店《みせ》に立《た》つのでした

第《だい》19話《わ》

嵐《あらし》の夜《よる》に

「ふうー。なんとか締切《しめきり》に間《ま》に合《あ》った……」

ここは、ペット専門誌《せんもんし》『ANIMAL《アニマル》 LOVER《ラバー》』編集部《へんしゅうぶ》。わたしはいすに腰《こし》をおろし、コーヒーを一口《ひとくち》すると息《いき》をついた。デスクにかざった、三毛猫《みけねこ》の写真《しゃしん》に目《め》を落《お》とす。

（もう、あれから30年《ねん》以上《いじょう》経《た》つんだな……）

「♪お散歩《さんぽ》ふたりで楽《たの》しいな～」

わたしはお母《かあ》さんと手《て》をつないで、歌《うた》いながら歩《ある》いていた。

当時《とうじ》、わたしは5歳《さい》。お父《とう》さんとお母《かあ》さんと、小《ちい》さないなか町《まち》にあるアパートに住《す》んでいた。家《いえ》のまわりには自然《しぜん》が多《おお》く残《のこ》っていて、林《はやし》で木《き》の実《み》をひろったり、道端《みちばた》に咲《さ》く花《はな》をつんだりと、道草《みちくさ》しながら歩《ある》くのはとても楽《たの》しかった。

いつもの散歩《さんぽ》コースを歩《ある》いてきて、もうすぐ家《いえ》に着《つ》く、そんなときだった。草《くさ》むらがガサッとゆれて、1匹《ぴき》の猫《ねこ》が現《あらわ》れた。白地《しろじ》に黒《くろ》と茶色《ちゃいろ》のまだら模様《もよう》が入《はい》った、おとなの三毛猫《みけねこ》だ。

お母《かあ》さんは猫《ねこ》が大好《だいす》きで、ノラ猫《ねこ》を見《み》つけるとすぐに寄《よ》っていく。けれどわたしは猫《ねこ》がこわくて、いつも少《すこ》し離《はな》れたところで待《ま》っていた。

「かわいい猫《ねこ》ちゃん！」

そのときもやっぱり、お母《かあ》さんはうれしそうに猫《ねこ》に近《ちか》づいていった。警戒心《けいかいしん》の強《つよ》い猫《ねこ》ならすぐに逃《に》げるが、三毛猫《みけねこ》は動《うご》こうとする様子《ようす》もない。お母《かあ》さんになでられてノドを鳴《な》らしはじめた。

（早《はや》くおうちに帰《かえ》りたいなあ）

そう思《おも》いながら待《ま》っていると、やがてお母《かあ》さんが腰《こし》をあげた。

「じゃあそろそろ帰《かえ》ろうか。猫《ねこ》ちゃんまたね」

と、わたしの手《て》をつないで歩《ある》きだす。

やっと猫《ねこ》と離《はな》れられる、とホッとしたのもつかの間《ま》――。

「あら？ ついてくる」

お母《かあ》さんの声《こえ》でふり返《かえ》ると、猫《ねこ》が少《すこ》し距離《きょり》を開《あ》けて、後《うし》ろから歩《ある》いてきていた。

「えー!! なんで？」

「おなかがすいているのかもしれないね。おうちでごはんをあげようか」

これまで人懐《ひとなつ》こいノラ猫《ねこ》には何度《なんど》か出会《であ》ったが、ついてくる猫《ねこ》なんてはじめてだ。

うちはアパートの2階《かい》だから、階段《かいだん》のところであきらめて帰《かえ》ってくれないかなと期待《きたい》したけれど、猫《ねこ》はトコトコと階段《かいだん》をのぼり、ドアの前《まえ》までやってきた。

お母《かあ》さんが朝《あさ》ごはんの残《のこ》りを差《さ》し出《だ》すと、猫《ねこ》はおいしそうに食《た》べた。

「前《まえ》から猫《ねこ》を飼《か》いたかったのよねえ……あなた、うちの子《こ》になる？」

お母《かあ》さんが話《はな》し

かけると、猫《ねこ》は顔《かお》をあげ、「ニャー」と鳴《な》いた。

まるで「ええもちろん。そう言《い》ってもらえると思《おも》ってましたよ」とでもいうように……。

その日《ひ》から、ミミと名《な》づけられたこの猫《ねこ》はうちに居《い》つくようになった。

ミミはとても人懐《ひとなつ》こいし、どこかで飼《か》われていた子《こ》かもしれない。お母《かあ》さんはそう思《おも》い、保健所《ほけんじょ》や警察《けいさつ》に問《と》い合《あ》わせたが、迷《まよ》い猫《ねこ》の届《とど》け出《で》はなかったようだ。晴《は》れてミミはうちの子《こ》になった。

お父《とう》さんもわたしも、もともとあまりどうぶつが好《す》きではなかった。でもお母《かあ》さんに説《せっ》得《とく》され、ミミのことを受《う》け入《い》れ、いっしょに生活《せいかつ》するうちにミミをかわいく思《おも》うようになっていった。

ミミはわたしの遊《あそ》び相手《あいて》にもなってくれた。ひとりっ子《こ》のわたしにとっては、お姉《ねえ》ちゃんか妹《いもうと》ができたような感覚《かんかく》。それまで家《いえ》ではテレビを見《み》たり、お絵描《えか》きをしたりと、ひとりで静《しず》かに遊《あそ》んでいることが多《おお》かったわたしが、ミミが来《き》てからというものミミをじゃらして遊《あそ》んだり、アパートの庭《にわ》でミミといっしょに虫《むし》を追《お》いかけたりと、ずいぶん活発《かっぱつ》になったとお父《とう》さんとお母《かあ》さんは喜《よろこ》んだ。

そのころ完全室内飼《かんぜんしつないが》いの猫《ねこ》はめずらしく、家《いえ》に入《はい》りたいときは入《はい》り、外《そと》にも自由《じゆう》に遊《あそ》びに行《い》くというスタイルが多《おお》かった。ノラ猫《ねこ》か飼《か》い猫《ねこ》かは、首輪《くびわ》をつけているかどうかで判《はん》断《だん》していた。

ミミもお母《かあ》さんにつけてもらった首輪《くびわ》をして、いちおううちの猫《ねこ》にはなったが、自由《じゆう》な生活《せいかつ》を送《おく》っていた。

「今日《きょう》はミミ、おそいねえ」

いつもは夕方《ゆうがた》にごはんを食《た》べに家《いえ》にもどっていたミミが、その日《ひ》は暗《くら》くなってももどってこなかった。

外《そと》の空気《くうき》はムシムシとしめっぽく、生《なま》ぬるい風《かぜ》が吹《ふ》いている。これから雨《あめ》が降《ふ》るかもしれない、とお父《とう》さんは言《い》った。

（ミミ、まだかなあ）

心配《しんぱい》していると、「ニャー」とドアの外《そと》からミミの声《こえ》が聞《き》こえた。

「帰《かえ》ってきた！」

わたしはあわてて玄関《げんかん》に飛《と》んでいった。ドアを開《あ》けると、足元《あしもと》にミミが……。

「えっ？　こ、子猫《こねこ》!?」

ミミはなんと、口《くち》に小《ちい》さな子猫《こねこ》をくわえていた。

そして子猫《こねこ》を床《ゆか》にそっとおろすと、また階段《かいだん》をかけおりて外《そと》に飛《と》び出《だ》していってしまった。

「ミミ――！」

大声《おおごえ》で呼《よ》ぶが、もうミミの姿《すがた》はない。

残《のこ》された子猫《こねこ》はミャーミャーとか細《ぼそ》い声《こえ》で鳴《な》いていた。

お母《かあ》さんは急《いそ》いで空箱《からばこ》を見《み》つくろい、タオルをしいて子猫《こねこ》を入《い》れた。

「この子《こ》、ミミの子《こ》……なのよねえ？　いつの間《ま》に……どこで産《う》んでいたのかしら」

しばらくすると、またミミが階段《かいだん》をのぼっ

てくる。口《くち》には2匹目《ひきめ》の子猫《こねこ》をくわえていた。そして同《おな》じように床《ゆか》に子猫《こねこ》をおろすと、夜《よる》の闇《やみ》へとかけ出《だ》していく。

「いったい何匹《なんびき》いるんだ⁉」

ハラハラしながら、わたしたちはミミがすべての子猫《こねこ》を運《はこ》び終《お》わるのを待《ま》っていた。

結局《けっきょく》、子猫《こねこ》は4匹《ひき》。シロ、ブチ、トラ、クロ。模様《もよう》や色《いろ》の特徴《とくちょう》で名前《なまえ》をつけた。

「ああ、びっくりした……」

やっと落《お》ち着《つ》ける、と腰《こし》をおろしたとたん。外《そと》でピカッと雷《かみなり》が光《ひか》った。そしてザーッと雨《あめ》が降《ふ》り出《だ》す音《おと》とともに、窓《まど》に無数《むすう》の雨粒《あまつぶ》がたたきつけはじめる。ゴウゴウと風《かぜ》もうなり出《だ》した。嵐《あらし》が来《き》たのだ。

「これから嵐《あらし》が来《く》るってわかったから子猫《こねこ》を連《つ》れてきたの？」

「ミミ、すごいね！」

わたしたちはミミのかしこさをほめたたえた。嵐《あらし》から守《まも》るように、子猫《こねこ》をうちに運《はこ》んできたミミ。やっとうちを本当《ほんとう》に自分《じぶん》の家《いえ》だと思《おも》ってくれたのかな、とわたしはうれしかった。

「うちに来《き》てくれてありがとね」

子猫《こねこ》と、そしてミミに向《む》かって、わたしはあらためてそう伝《つた》えた。

その後《ご》、子猫《こねこ》はすくすくと大《おお》きくなっていった。ミミと子猫《こねこ》たちのいる生活《せいかつ》は、にぎやかで楽《たの》しかった。あいかわらず、外《そと》と家《いえ》を気《き》ままに行《い》き来《き》していたミミだったが、子猫《こねこ》を連《つ》れてきた日《ひ》から、多《おお》くの時間《じかん》を家《いえ》で過《す》ごすようになっていた。

ところが、あるときミミは、突然《とつぜん》いなくなってしまった。

「今日《きょう》こそは帰《かえ》ってくるかも」

毎日毎日《まいにちまいにち》、そう期待《きたい》して待《ま》っていたが、ミミは帰《かえ》らなかった。

「猫《ねこ》は自分《じぶん》が死《し》ぬときが近《ちか》づくと、姿《すがた》を隠《かく》す習性《しゅうせい》があるんだって。ミミはどこかでひっそりと死《し》んでしまったのかも」

ミミがいなくなって何日《なんにち》も経《た》ち、お父《とう》さんがそう言《い》った。

「そんな……」

（突然現《とつぜんあらわ》れて、勝手《かって》についてきて、子猫《こねこ》まで連《つ》れてきて。最後《さいご》は、いつの間《ま》にかいなくなるなんて）

「そんなのずるい」

急《きゅう》に、もうミミには会《あ》えないんだという実感《じっかん》とともに、悲《かな》しみと怒《いか》りがまざったような感情《かんじょう》がこみあげてきて、鼻《はな》がツンとなる。

わたしはごまかすように鼻《はな》をすすった。

「ほんと、ミミったら勝手《かって》なんだから……でも、ミミらしいお別《わか》れのような気《き》もするわね」

お母《かあ》さんはそう言《い》って、そっと目頭《めがしら》をぬぐった。

――それから数年後《すうねんご》。わたしはまた不思議《ふしぎ》な出会《であ》いを経験《けいけん》することになった。

ある日《ひ》の夕方《ゆうがた》。学校《がっこう》から帰《かえ》りおやつを食《た》べていると、外《そと》から犬《いぬ》の鳴《な》き声《ごえ》が聞《き》こえてきた。どうも鳴《な》き声《ごえ》が近《ちか》い気《き》がして、気《き》になったわたしは玄関《げんかん》に行《い》き、ドアを開《あ》けた。

すると1頭《とう》の犬《いぬ》が、1階《かい》から2階《かい》にのぼる途中《とちゅう》の踊《おど》り場《ば》にいるのが見《み》えた。

その犬《いぬ》は白地《しろじ》に茶色《ちゃいろ》と黒《くろ》のブチがらで、耳《みみ》のたれた子犬《こいぬ》だった。首輪《くびわ》をしていないのでノラのようだ。当時《とうじ》はノラ犬《いぬ》もめずらしくなく、外《そと》でときどき出《で》くわすことがあったが、この犬《いぬ》には見覚《みおぼ》えがない。それに庭《にわ》に勝手《かって》に入《はい》ってくるようなことはあっても、アパートの階段《かいだん》をのぼってくるノラ犬《いぬ》なんているだろうか。わたしは驚《おどろ》いて目《め》を見張《みは》った。

その犬《いぬ》はわたしと目《め》が合《あ》うと、ほえるのをやめた。そしてしっぽをふりながら階段《かいだん》をかけのぼってきた。

クロが一度《いちど》ノラ犬《いぬ》とケンカをしてけがをしたこともあり、わたしは犬《いぬ》が苦手《にがて》だった。けれど不思議《ふしぎ》とこの犬《いぬ》にはいやな気持《きも》ちがわかなかった。

でも、また猫《ねこ》とケンカでもしたら大変《たいへん》。追《お》いはらわなくちゃ。そう思《おも》ったとき……

「え？　なんでノラ犬《いぬ》がこんなところに？」

様子《ようす》を見《み》にきたお母《かあ》さんが声《こえ》をあげた。するとお母《かあ》さんを見《み》て、犬《いぬ》はますます激《はげ》しくしっぽをふって近《ちか》づいてきた。

「もしかして、ミミなの……？」

お母《かあ》さんのつぶやきを聞《き》いて、わたしはハッとした。ミミがいなくなってしばらくしたころに図書館《としょかん》で見《み》つけた、絵本《えほん》のお話《はなし》を思《おも》い出《だ》したからだ。それは亡《な》くなった白猫《しろねこ》が生《う》まれ変《か》わり、白《しろ》い鳥《とり》に

なって飛《と》んできたというお話《はなし》だった。
階段《かいだん》をのぼって自分《じぶん》のあしでうちまでやってきたミミの姿《すがた》と、犬《いぬ》がうれしそうにかけのぼってきた姿《すがた》が重《かさ》なって見《み》えた。
（この犬《いぬ》はミミの生《う》まれ変《か》わりなの――？）
「おなかすいてるのかな？　ごはんをあげましょうね」
お母《かあ》さんはそう言《い》って、犬《いぬ》に手招《てまね》きをした。

こうしてわたしの家《いえ》では、猫《ねこ》に続《つづ》いて犬《いぬ》も飼《か》うことになったのだ。

ハリーと名《な》づけたこの犬《いぬ》が本当《ほんとう》にミミの生《う》まれ変《か》わりだったのかはわからない。だけど、ハリーとのくらしで、わたしはさらにどうぶつが好《す》きになった。そのあとも、ハムスターやうさぎを飼《か》い、気《き》づけばずっとどうぶつとくらしている。
大好《だいす》きなどうぶつのことをもっと知《し》りたい。そしてどうぶつの魅力《みりょく》や、正《ただ》しい飼《か》い方《かた》などを広《ひろ》めていきたい。そう思《おも》ったわたしは、勤《つと》めている出版社《しゅっぱんしゃ》で編集長《へんしゅうちょう》としてペット専《せん》門誌《もんし》を立《た》ちあげた。ついに来月第一号《らいげつだいいちごう》が世《よ》に出《で》ることになる。
猫《ねこ》をこわがって逃《に》げていたわたしが、どうぶつの雑誌《ざっし》をつくることになるなんて。5歳《さい》のわたしが知《し》ったら驚《おどろ》くだろう。
（ミミと出会《であ》ったから、今《いま》のわたしがいるよ。あのときうちを選《えら》んでくれてありがとう、ミミ……）
写真《しゃしん》に向《む》かって心《こころ》の中《なか》で話《はな》しかけると、「ニャー」と返事《へんじ》をするミミの声《こえ》が聞《き》こえた気《き》がした。

第《だい》20話《わ》 サチと歩《ある》いた道《みち》

雨《あめ》上《あ》がりの空《そら》に

「いってらっしゃい」
お母《かあ》さんが、いつものように玄関《げんかん》の前《まえ》で手《て》をふる。
「もう。見送《みおく》らなくていいって言《い》ってるのに」
小《ちい》さくため息《いき》をついて、千紗《ちさ》はのろのろ歩《ある》き出《だ》した。
花屋《はなや》さんもパン屋《や》さんも、もう開店《かいてん》している。外科医院《げかいいん》を通《とお》りすぎ、公園《こうえん》のそばまで行《い》っても、同《おな》じ学校《がっこう》の生徒《せいと》には会《あ》わない。当《あ》たり前《まえ》のことだ。みんな、とっくに登校《とうこう》して、教室《きょうしつ》で授業《じゅぎょう》を受《う》けているのだから。
中《ちゅう》1の夏休《なつやす》み明《あ》けから、千紗《ちさ》は自分《じぶん》の教室《きょうしつ》に一度《いちど》も入《はい》っていない。行《い》き先《さき》は、保健室《ほけんしつ》だ。
あれは、夏休《なつやす》み前《まえ》に、学習発表会《がくしゅうはっぴょうかい》の内容《ないよう》決《ぎ》めをしていたときのこと。みんな、ふざけたりしゃべったりで、ちっとも話《はなし》が進《すす》まない。学級委員《がっきゅういいん》の千紗《ちさ》は、ついこう言《い》った。
「まじめにやらないなら、出《で》ていきなよ！」
すると、耀子《ようこ》にこう言《い》い返《かえ》されたのだ。
「出《で》ていきなよって……。あはは、千紗《ちさ》ってば、ちょっと力《りき》みすぎじゃん？　言《い》われなくたって、みんなちゃんと考《かんが》えてるんだから」
一瞬《いっしゅん》の静《しず》けさのあと、何事《なにごと》もなかったかのようにザワザワとおしゃべりが続《つづ》く。耀子《ようこ》の言葉《ことば》よりも、クラスのだれひとり、千紗《ちさ》を

かばってくれなかったことの方《ほう》がショックだった。

(わたし、なんで学級《がっきゅう》委員《いいん》なんてやっているんだろう)

思《おも》えば、小学校《しょうがっこう》のときから、まじめでしっかりものといわれ、その評価《ひょうか》にこたえようとがんばってきた。でも、耀子《ようこ》の一言《ひとこと》を聞《き》いたときに、心《こころ》の中《なか》で、なにかがポキっと折《お》れてしまった。

夏休《なつやす》み中《ちゅう》には自由参加《じゆうさんか》で文化祭《ぶんかさい》の準備《じゅんび》があったが、千紗《ちさ》はとうとう一日《いちにち》も行《い》けなかった。大好《だいす》きな部活《ぶかつ》さえも、体調不良《たいちょうふりょう》を理由《りゆう》に参加《さんか》しなかった。

「夏休《なつやす》みが終《お》われば、どうせ行《い》かなくちゃならないんだし」

そのときは、まだそう思《おも》っていた。学校《がっこう》に

行《い》かないという選択肢《せんたくし》は、自分《じぶん》でも考《かんが》えられなかったのだ。

だけど、始業式《しぎょうしき》の朝《あさ》。体《からだ》は鉛《なまり》のように重《おも》く、教室《きょうしつ》のドアを思《おも》い浮《う》かべただけで吐《は》き気《け》がして、再《ふたた》びベッドにたおれこんだ。

それから、教室《きょうしつ》には一度《いちど》も入《はい》っていない。

お母《かあ》さんもお父《とう》さんも心配《しんぱい》して、理由《りゆう》をたずねたり、カウンセラーのところに連《つ》れていってくれたりしたけど、質問《しつもん》に答《こた》えたり話《はな》したりするエネルギーなんてなかった。

「行《い》きたくない。みんなうっとうしい。つかれた。ほっといて」

そう言《い》って、部屋《へや》に閉《と》じこもる日《ひ》が続《つづ》いた。

保健室《ほけんしつ》に登校《とうこう》しはじめたのは、10月《がつ》からだ。

クラスはちがうが、同《おな》じテニス部《ぶ》に入《はい》っている幼《おさな》なじみの瑠奈《るな》が、部活《ぶかつ》にだけでもおいでよ、とさそってくれたのだ。担任《たんにん》の先生《せんせい》も、保健室《ほけんしつ》にある別室《べっしつ》なら通《かよ》いやすいのではと提《てい》案《あん》してくれた。

（授業《じゅぎょう》も出《で》てないのに部活《ぶかつ》だけなんて、へんな目《め》で見《み》られるに決《き》まってるじゃん！）

はじめはそう思《おも》った。

「そんなに辛《つら》いなら、無理《むり》しなくていい」

お父《とう》さんもお母《かあ》さんも、そう言《い》ってくれた。

それでも、なんとか保健室登校《ほけんしつとうこう》をするようになったのは、

（このまま一歩《いっぽ》も外《そと》に出《で》なかったら、自分《じぶん》は将来《しょうらい》どうなってしまうんだろう）

という、わけのわからない恐怖《きょうふ》でいっぱいだったからだ。

朝《あさ》は本当《ほんとう》に苦《くる》しかった。なんとか起《お》きあがっても、制服《せいふく》に着《き》がえるのが苦痛《くつう》でたまら

ない。やっとのことで玄関《げんかん》を出《で》たとたん、貧《ひん》血《けつ》を起《お》こしてもどったこともある。

みんなが授業《じゅぎょう》で教室《きょうしつ》にいる間《あいだ》に保健室《ほけんしつ》にすべりこみたいのに、足《あし》は重《おも》く、早《はや》く歩《ある》けない。

信号《しんごう》を待《ま》っているほんの数分《すうふん》も、だれかが見《み》ているんじゃないかと思《おも》うと、心臓《しんぞう》がしめつけられるように緊張《きんちょう》して、冷《ひ》や汗《あせ》が出《で》た。週《しゅう》に2日《か》行《い》くのがやっとで、とても部活《ぶかつ》どころじゃない。

そんな道《みち》すがら、コーギーを連《つ》れたおばあさんを見《み》かけるようになった。のろのろ歩《ある》く千紗《ちさ》よりも、もっとゆっくり歩《ある》いている。

(おばあさんは元気《げんき》そうだけど……。歳《とし》をとった子《こ》なのかな)

このごろ、登校時間《とうこうじかん》に合《あ》わせて家《いえ》の外《そと》の掃《そう》除《じ》や犬《いぬ》の散歩《さんぽ》をして、子《こ》どもたちを地域《ちいき》の人《ひと》たちで見守《みまも》ろうという声《こえ》があるらしい。そういえば、ふつうに学校《がっこう》に行《い》っていたころは、お散歩《さんぽ》のワンちゃんに何匹《なんびき》も出会《であ》ったっけ。

ある日《ひ》、いつものように公園《こうえん》を横切《よこぎ》ろうとしたときだ。後《うし》ろから、同《おな》じ制服姿《せいふくすがた》の女《おんな》の子《こ》が急《いそ》ぎ足《あし》で追《お》いこしていった。

(えっ、こんな時間《じかん》に、どうして?)

通院《つういん》かなにかで、おくれて登校《とうこう》するのだろうか? 追《お》いこしざまに、ちらりとふり返《かえ》った横顔《よこがお》を見《み》たとき、千紗《ちさ》は足《あし》がすくんだ。

(耀子《ようこ》!)

夏休《なつやす》み前《まえ》、千紗《ちさ》は、耀子《ようこ》の一言《ひとこと》で学校《がっこう》に行《い》けなくなったのだ。きっと彼女《かのじょ》は覚《おぼ》えてなんていないだろう。千紗《ちさ》ひとりの胸《むね》に刺《さ》さった言葉《ことば》だったのだから。

「あっ……」

耀子《ようこ》は、はっとしたように千紗《ちさ》を見《み》たが、軽《かる》く会釈《えしゃく》すると、そのまま足《あし》を早《はや》めて行《い》ってしまった。

見《み》られてしまった。いちばん会《あ》いたくない人《ひと》に。公園《こうえん》の木《き》に寄《よ》りかかるように、千紗《ちさ》はしゃがみこんだ。今日《きょう》はもう行《い》けそうにない。やっとここまで来《き》たのに……。

「大丈夫《だいじょうぶ》?」

声《こえ》をかけてくれたのは、犬《いぬ》を連《つ》れたあのおばあさんだった。

「わたしたち、そこのベンチで休《やす》むところなの。よかったら、いっしょにいかが?」

おばあさんは、優《やさ》しい笑顔《えがお》で言《い》った。コーギーも人懐《ひとなつ》っこくにこにこして(そう見《み》えた)、千紗《ちさ》を見上《みあ》げた。

「この子《こ》は、サチっていう名前《なまえ》なの。女《おんな》の子《こ》よ。よろしくね」

「えっ、サチ? わたしの名前《なまえ》、千紗《ちさ》っていうんです。野口千紗《のぐちちさ》」

「まあ、サチとチサちゃんなんて、偶然《ぐうぜん》ねえ！　わたしは、吉岡春子《よしおかはるこ》よ」

その日《ひ》から千紗《ちさ》は、サチと吉岡《よしおか》さんと、ときどき公園《こうえん》で会《あ》うようになった。

「サチはね、心臓病《しんぞうびょう》なの。朝早《あさはや》く散歩《さんぽ》に行《い》けば、ほかのワンちゃん友《とも》だちに会《あ》わせてあげられるんだけど、そうするとこの子《こ》、はしゃいじゃってね。あとで苦《くる》しくなってかわいそうだから」

「そうなの？　サチ、いつも笑《わら》ってるみたいで、病気《びょうき》っぽく見《み》えないけど……」

サチと吉岡《よしおか》さんと知《し》り合《あ》って、千紗《ちさ》も自分《じぶん》のことを少《すこ》しずつ話《はな》すようになった。

ふたりと1匹《ぴき》で、公園《こうえん》をゆっくりと2周《しゅう》しながら、おしゃべりをする。

「わたし、教室《きょうしつ》に入《はい》れなくて、保健室《ほけんしつ》に通《かよ》っているの。だから、朝《あさ》はおそいんだ」

「そう。だからわたしたち、出会《であ》えたのね」

そんなふうにおおらかに言《い》われると、なんだか心《こころ》が軽《かる》くなる。

吉岡《よしおか》さんは、学校《がっこう》のことをたずねるかわりに、楽《たの》しい世間話《せけんばなし》や、サチとの毎日《まいにち》のことをたくさん話《はな》してくれた。

そしていつも、千紗《ちさ》が角《かど》を曲《ま》がるまで見《み》送《おく》ってくれた。

「行《い》ってらっしゃい。気《き》をつけてね」

「うん。吉岡《よしおか》さんと、サチもね」

そんな日《ひ》が続《つづ》いたある日《ひ》、千紗《ちさ》は、家《いえ》の前《まえ》で見送《みおく》ってくれるお母《かあ》さんに、

「行《い》ってきまーす」

と答《こた》えて、自分《じぶん》で自分《じぶん》に驚《おどろ》いた。どうしちゃったの、わたし。見送《みおく》られるの、あんなにいやだったのに。
お母《かあ》さんは、一瞬《いっしゅん》きょとんとしてから、ものすごくうれしそうな顔《かお》で、
「気《き》をつけてねー！」
と、手《て》をふってくれた。
「もう、小学生《しょうがくせい》じゃないんだから、やめてよ」
千紗《ちさ》は急《きゅう》に照《て》れくさくなって、まっすぐ前《まえ》を向《む》いたまま歩《ある》いて行《い》った。
季節《きせつ》は進《すす》み、2月《がつ》も終《お》わりに近《ちか》づいていた。
あいかわらず授業《じゅぎょう》にも部活《ぶかつ》にも出《で》られず、保健室登校《ほけんしつとうこう》をしていたが、千紗《ちさ》の心《こころ》は前《まえ》ほど重《おも》くなかった。
行《い》きがけに、吉岡《よしおか》さんとサチに会《あ》うのが楽《たの》

しみだったから。

サチをなでてあげると、千紗《ちさ》の心《こころ》もほかほかになるのだった。

「サチ、今日《きょう》も来《き》てくれてありがとうね」

「サチは千紗《ちさ》ちゃんが大好《だいす》き。千紗《ちさ》ちゃんに会《あ》うと、すごく元気《げんき》になるの。寒《さむ》いからってわたしがぐずぐずしていると、早《はや》く行《い》こうってうるさいのよ」

コーギーは寒《さむ》さに強《つよ》い犬種《けんしゅ》だそうだが、サチは心臓《しんぞう》が悪《わる》いので、あまり無理《むり》はさせられないという。でも、千紗《ちさ》はサチに会《あ》えるのが本当《ほんとう》にうれしかった。

ある朝《あさ》、公園《こうえん》まで来《き》てみると、ベンチに、ブランケットにくるんだサチを抱《だ》いた吉岡《よしおか》さんが座《すわ》っている。

「どうしたの？　サチ、風邪《かぜ》ひいた？」

「このごろ調子《ちょうし》が悪《わる》くて、お医者《いしゃ》さんに、運《うん》動《どう》は少《すこ》しひかえめにって言《い》われちゃったの」

「ごめんなさい。朝《あさ》のお散歩《さんぽ》で、無理《むり》させちゃったんじゃ……」

千紗《ちさ》の言葉《ことば》を、吉岡《よしおか》さんは優《やさ》しくさえぎった。

「千紗《ちさ》ちゃんのせいじゃないのよ。この病《びょう》気《き》は治《なお》ることはなくて、なにもしなくてもじょじょに進《すす》んでいくの。それなら、サチの好《す》きなようにさせてあげたいわ。ほら、サチの顔《かお》を見《み》たら、わかるでしょ？」

サチは、おとなしく抱《だ》かれていたけれど、千紗《ちさ》になでられたくてうずうずしているのがわかる。ブランケットごとぎゅっと抱《だ》きしめると、冷《つめ》たい鼻《はな》をくっつけて、千紗《ちさ》のほっぺたをペロペロなめた。

「ほーらね。千紗《ちさ》ちゃんに会《あ》うと、元気《げんき》になるのよ」

「よかったあ。月曜《げつよう》にまた会《あ》おうね、サチ」

千紗《ちさ》は、ふたりに手《て》をふって学校《がっこう》へ行《い》った。

でも、月曜《げつよう》の朝《あさ》、公園《こうえん》に行《い》くと、サチと吉《よし》岡《おか》さんはいなかった。

次《つぎ》の日《ひ》も、また次《つぎ》の日《ひ》も……。

「どうしたんだろ。なにかあったのかな」

そのまま学校《がっこう》に向《む》かう気持《きも》ちにはどうしてもなれなかった。

（サチに会《あ》いたい！　でも、吉岡《よしおか》さんの家《いえ》、知《し》らないし……。そうだ、たしか大《おお》きな桜《さくら》の木《き》があるって言《い》ってた。あと、2階《かい》がなくて、平屋《ひらや》のおうちだって……）

吉岡《よしおか》さんとの会話《かいわ》を、千紗《ちさ》は必死《ひっし》で思《おも》い出《だ》した。

（えーと、いつも吉岡《よしおか》さん、こっちから歩《ある》いてくるから……。ああ、もう、じっとしていられない！）

でも、長《なが》いこと歩《ある》き回《まわ》っても、これだと思《おも》う家《いえ》は見《み》つからない。千紗《ちさ》は勇気《ゆうき》を出《だ》して、何人《なんにん》かの人《ひと》にたずねた。今《いま》まで、知《し》らない人《ひと》に道《みち》をきいたこともないのに。

「あの、この辺《あた》りでコーギーを飼《か》っている吉《よし》岡《おか》さんのお宅《たく》を知《し》りませんか？　大《おお》きな桜《さくら》の木《き》のある家《いえ》なんです」

　こんな時間《じかん》に、中学《ちゅうがく》の制服《せいふく》を着《き》てうろうろしている女《おんな》の子《こ》なんて、きっとへんに思《おも》われたにちがいない。さあー、と、首《くび》をかしげてけげんそうに立《た》ち去《さ》る人《ひと》もいた。

　でも、5人目《にんめ》にして、奇跡的《きせきてき》にこんなこたえが返《かえ》ってきた。

「吉岡《よしおか》さん？　ああ、サチね！　うちの子《こ》のお散歩仲間《さんぽなかま》だわ」

　青《あお》いセーターのポメラニアンを抱《だ》っこしたおばさんは、親切《しんせつ》にも、家《いえ》の前《まえ》まで送《おく》ってくれた。千紗《ちさ》は、あやうく涙《なみだ》がこぼれそうになって、あわててぺこりと頭《あたま》を下《さ》げた。

「ありがとうございました！」

　インターホンを鳴《な》らすと、吉岡《よしおか》さんはびっくりして出《で》てきた。

「まあ、千紗《ちさ》ちゃん！　よくわかったわねえ。寒《さむ》かったでしょ。さあ、入《はい》って！」

「サチは大丈夫《だいじょうぶ》？　吉岡《よしおか》さん！」

「心配《しんぱい》させてごめんね。このごろ、長《なが》く歩《ある》くとせきこむようになって、外《そと》に連《つ》れ出《だ》せなくなったの」

　毛布《もうふ》の上《うえ》に横《よこ》になっていたサチは、千紗《ちさ》を見《み》るとぱっと顔《かお》を上《あ》げ、こっちにはってこようとした。吉岡《よしおか》さんは、涙《なみだ》ぐんだ。

「千紗《ちさ》ちゃんのそばに行《い》きたいんだわ。ずっと寝《ね》たままだったのに……」

　その日《ひ》から、千紗《ちさ》は学校《がっこう》へ行《い》く前《まえ》にサチに

会《あ》いに行《い》った。

そして、吉岡《よしおか》さんのかわりにどうぶつ病《びょう》

院《いん》へサチの薬《くすり》をとりに行《い》く約束《やくそく》もした。自《じ》分《ぶん》でもびっくりだった。教室《きょうしつ》に行《い》けなくなってから、ひとりで町《まち》に出《で》ることもなかったのだから。

「サチの様子《ようす》はどうかな？　なにかあったら、すぐ連《つ》れてくるように伝《つた》えてね」

獣医《じゅうい》さんは、にこにこしながら、子犬時《こいぬじ》代《だい》のサチの話《はなし》をしてくれた。

帰《かえ》り道《みち》、千紗《ちさ》は、自分《じぶん》が教室《きょうしつ》に入《はい》れず、保《ほ》健室登校《けんしつとうこう》をしていることすら、すっかり忘《わす》れていたことに気《き》がついた。

こんなさっぱりした気持《きも》ち、何《なん》か月《げつ》ぶりだろう……。

それから数日《すうじつ》経《た》ったころ、お母《かあ》さんがたずねた。

「千紗《ちさ》、このごろ少《すこ》し元気《げんき》になったみたいだけど……なにかいいことでもあった？」

「お母《かあ》さん、わたし、学校以外《がっこういがい》に友《とも》だちができたの。それもね、犬《いぬ》と、吉岡《よしおか》さん！」

「えぇー？　犬《いぬ》と、吉岡《よしおか》さん？　ちょっと、それ、だれなの？」

いきさつを聞《き》いたお母《かあ》さんが、どうしてもごあいさつがしたいと言《い》うので、翌日《よくじつ》、ふたりでいっしょに吉岡《よしおか》さんの家《いえ》を訪《たず》ねた。

だけど……。

玄関《げんかん》には、花《はな》カゴとサチの写真《しゃしん》があった。サチが寝《ね》ているはずの毛布《もうふ》はたたまれて、家《いえ》の中《なか》は、シーンと静《しず》かだった。

「サチね、一昨日《おととい》の夜《よる》、亡《な》くなったの。せっかく来《き》ていただいたのに……」

「うそ……サチが？」

泣《な》き出《だ》す千紗《ちさ》の手《て》を、吉岡《よしおか》さんはそっとにぎった。

「千紗《ちさ》ちゃんのおかげで、サチは最期《さいご》に幸《しあわ》せな日々《ひび》を過《す》ごせたの。感謝《かんしゃ》してもしきれないぐらい。わたしもサチも、千紗《ちさ》ちゃんに出《で》

会《あ》えて本当《ほんとう》に幸《しあわ》せよ。ありがとうね」
「吉岡《よしおか》さん、わたしの方《ほう》こそ、ありがとう。サチ、ありがとう……」
気《き》がつくと、お母《かあ》さんも、ハンカチがびしょびしょになるくらい、泣《な》いていた。
「吉岡《よしおか》さん、サチはいないけど、またおしゃべりしに来《き》てもいい？」
「もちろんよ。お友《とも》だちができて、わたしもうれしいわ」

もうすぐ春休《はるやす》みだ。長《なが》く苦《くる》しかった中学《ちゅうがく》1年《ねん》の日々《ひび》が終《お》わろうとしている。
保健室通《ほけんしつがよ》いはあいかわらずだ。でも、決《き》めたんだ。**わたしはサチのぶんまで、毎日《まいにち》を大切《たいせつ》に生《い》きる！**
サチとゆっくり歩《ある》いた道《みち》、忘《わす》れないよ。

「千紗《ちさ》、部活《ぶかつ》、今日《きょう》は行《い》けそう？」
今日《きょう》も、瑠奈《るな》が保健室《ほけんしつ》まで迎《むか》えにきた。瑠《る》奈《な》は、いつも忘《わす》れずに千紗《ちさ》に声《こえ》をかけてくれ、千紗《ちさ》が部活《ぶかつ》に出《で》られなくても、いやな顔《かお》ひとつしない。自分《じぶん》に余裕《よゆう》がないときは、そんな優《やさ》しさを受《う》けとめる余裕《よゆう》もなかったんだ。
「瑠奈《るな》、いつもほんとにありがとう。きっと行《い》くから、待《ま》ってて」
不意《ふい》に飛《と》び出《だ》した言葉《ことば》に、瑠奈《るな》は一瞬《いっしゅん》ぽかんとしたようだったが、
「うん、わかった。明日《あした》も来《く》るからね！」
もうすぐ新《あたら》しい春《はる》がくる。なにが正解《せいかい》かはまだわからない。だけど、胸《むね》の中《なか》に小《ちい》さな希望《きぼう》が芽《め》ばえはじめているのを、千紗《ちさ》は感《かん》じていた。

～みんなに愛《あい》されたゾウ～

「はな子《こ》さん」のお話《はなし》

東京都武蔵野市《とうきょうとむさしのし》の井《い》の頭自然文化園《かしらしぜんぶんかえん》には、おばあちゃんのアジアゾウがいました。名前《なまえ》は「はな子《こ》」。2016年《ねん》5月《がつ》26日《にち》に69歳《さい》でこの世《よ》を去《さ》るまで、人々《ひとびと》に愛《あい》され続《つづ》けた人気者《にんきもの》のゾウです。

はな子《こ》は1949年《ねん》にタイから東京《とうきょう》の恩賜上野動物園《おんしうえのどうぶつえん》にやってきました。数《すう》年《ねん》ののち、井《い》の頭自然文化園《かしらしぜんぶんかえん》へ引《ひ》っ越《こ》したあと、ある事件《じけん》をきっかけに、くさりでつながれる生活《せいかつ》となってしまいます。傷《きず》ついて人間不信《にんげんふしん》になったはな子《こ》は、ごはんをほとんど食《た》べずにやせ細《ほそ》っていきます。そんななか、山川清蔵《やまかわせいぞう》さんという飼育員《しいくいん》さんとの出会《であ》いが、はな子《こ》を少《すこ》しずつ変《か》えていくことになったのでした…。

はな子《こ》の物語《ものがたり》が次《つぎ》のページからはじまるよ！

第《だい》21話《わ》

ゾウのはな子《こ》

たくさんの人《ひと》に愛《あい》された、ゾウのはな子《こ》の一生《いっしょう》とは…。

ぼくが わかるかい
ありがとう 本当《ほんとう》に おつかれさま だったね
2016年《ねん》 5月《がつ》26日《にち》
井《い》の頭《かしら》 自然文化園《しぜんぶんかえん》の 人気者《にんきもの》 ゾウの はな子《こ》は
69歳《さい》の 生涯《しょうがい》を 閉《と》じた

親父《おやじ》　はな子《こ》がそっちに行《い》ったよ
はな子《こ》は１９４９年《ねん》タイから日本《にほん》におくられたアジアゾウだ
たくさんの人《ひと》に歓迎《かんげい》されて上野動物園《うえのどうぶつえん》にやってきた

今後《こんご》は絶対《ぜったい》
自分《じぶん》たちの手《て》で死《し》なせたくないです
戦争中《せんそうちゅう》
日本《にほん》の動物園《どうぶつえん》には
「猛獣処分《もうじゅうしょぶん》」の命令《めいれい》が出《だ》された
空襲《くうしゅう》でおりがこわれ
逃《に》げると危険《きけん》だったのだ
ゾウは餓死《がし》させたんでしょう

はな子《こ》にはどうか亡《な》くなった3頭《とう》のぶんも
幸《しあわ》せになってほしい
数年後《すうねんご》井《い》の頭自然《からしぜん》文化園《ぶんかえん》へ
引《ひ》っ越《こ》ししたはな子《こ》
ひとりで
体《からだ》も心《こころ》も弱《よわ》ってしまったのか
はな子《こ》はふたつの事件《じけん》を起《お》こす

最初《さいしょ》は真夜中《まよなか》
酔《よ》って ゾウ舎《しゃ》に しのびこんだ 男《おとこ》の人《ひと》を
次《つぎ》は 4年後《ねんご》
担当《たんとう》の 飼育員《しいくいん》を
ふみつけ 死《し》なせて しまった
はな子《こ》は 理由《りゆう》なく 人《ひと》を 殺《ころ》さない！
象に踏み殺される
象のはな子 二度目の殺人
しのびこんだ中年男

戦争中《せんそうちゅう》 人間《にんげん》の 都合《つごう》で
園《えん》の どうぶつを 殺《ころ》したのに
今度《こんど》は・・・!
平和《へいわ》な 世《よ》の中《なか》に なって やっと日本《にほん》に 来《き》てもらった ゾウを
悪者《わるもの》に するのか
みんな そう 思《おも》ってる
思《おも》ってる んだよ…

はな子《こ》がくさりでつながれた
2か月後《げつご》
はじめまして

上野動物園《うえのどうぶつえん》から来《き》ました
山川《やまかわ》清蔵《せいぞう》と申《もう》します
ああ ゾウの新担当《しんたんとう》さん
こっちだよ
ガラ
ラ

そんな…
まるでやっかい者《もの》じゃないか
これが
おまえの本来《ほんらい》の姿《すがた》じゃないよな…

山川《やまかわ》さん
本当《ほんとう》に大丈夫《だいじょうぶ》でしょうか
昔《むかし》の
むじゃきなはな子《こ》にもどしてやりたいんだ

朝《あさ》は 体《からだ》についた ワラを きれいにはらい
運動場《うんどうじょう》に 連《つ》れていき
ごはんにも 気《き》をつけた
あんまり 食《た》べてない…
しっかり 太《ふと》らせて
健康《けんこう》で かわいいゾウに してやるから な…！
なにより
金井《かない》

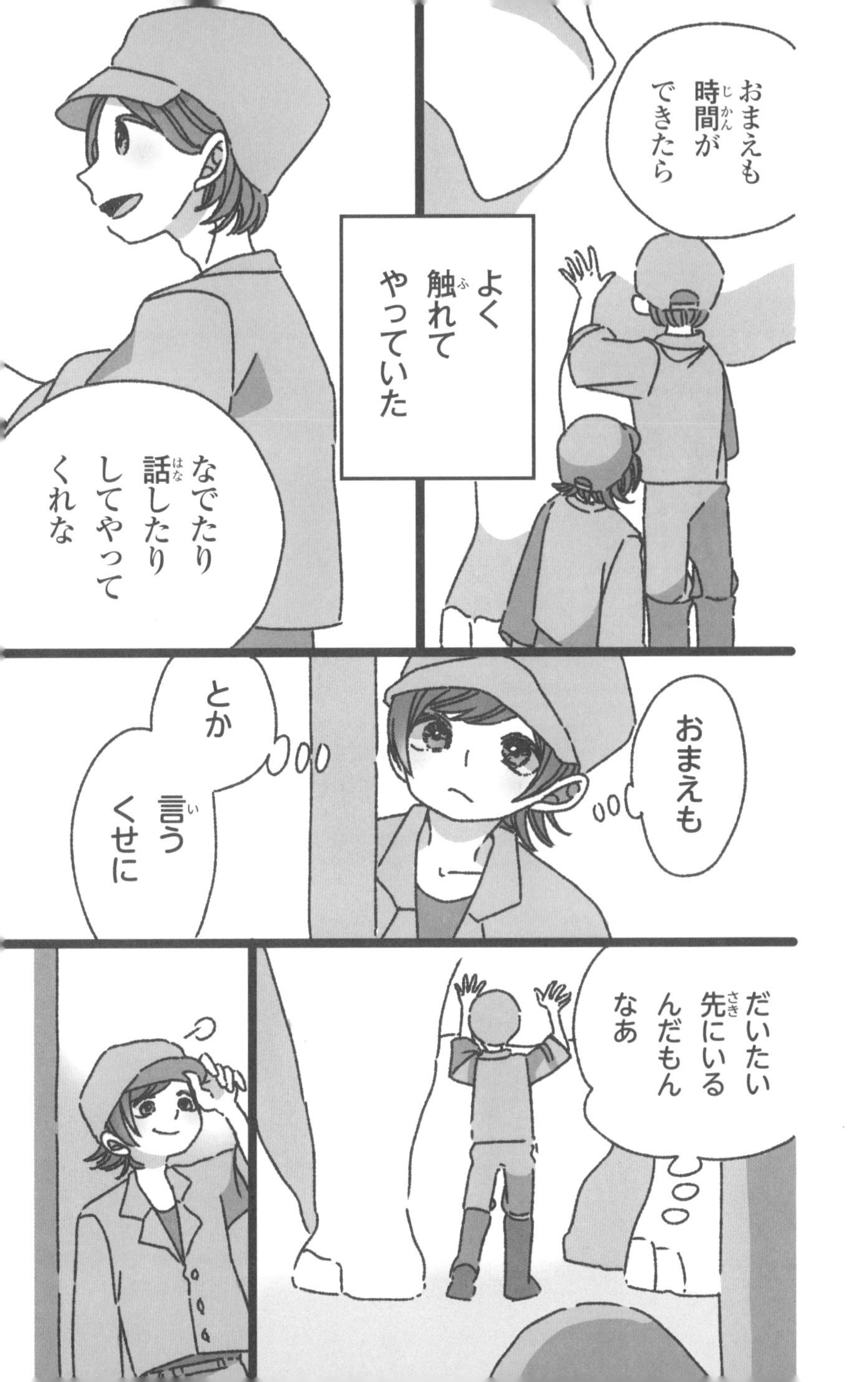
おまえも時間《じかん》ができたら
よく触《ふ》れてやっていた
なでたり話《はな》したりしてやってくれな
おまえも
とか言《い》うくせに
だいたい先《さき》にいるんだもんなあ

どんなに親《した》しくなっても
はな子《こ》に背《せ》を向《む》けちゃだめだ
飼育員《しいくいん》はけっしておそわれちゃいけない
つらい思《おも》いをするのははな子《こ》なんだ
山川《やまかわ》さんにはかなわないなあ

はな子《こ》の歯《は》だわ
まだ34歳《さい》なのに
ぬけるなんて…
ストレスが原因《げんいん》ね
ひとりだったころの疲労《ひろう》が
今《いま》 体《からだ》に出《で》てるのよ…
ちゃんとかめなければ
また やせてしまう…

山川《やまかわ》は泊《と》まりこみで
食事《しょくじ》の観察《かんさつ》をし
はな子《こ》の特別食《とくべつしょく》をつくった
おから
毎日《まいにち》はな子《こ》の夢《ゆめ》を見《み》るよ
はな子《こ》はまちがいなく世界一《せかいいち》手《て》のかかるゾウだった

数十年後《すうじゅうねんご》
まさか親子《おやこ》2代《だい》でとは…
今度《こんど》は山川清蔵《やまかわせいぞう》の息子《むすこ》宏治《こうじ》が
はな子《こ》の担当《たんとう》になった
そのころはな子《こ》は「間接飼育《かんせつしいく》」といって
さくごしに飼育《しいく》されていた

やあ
はな子《こ》
久《ひさ》しぶりだなあ
石川《いしかわ》さんは父《ちち》とも働《はたら》いていた
「はな子《こ》のベテラン」だ
石川《いしかわ》さんを鼻《はな》で抱《だ》きしめてる
ほんとはふれあいたいんだろうか
それなら…

むりやり閉《と》じこめず
うまくいっしょに遊《あそ》んでやれないだろうか
石川《いしかわ》さん
はな子《こ》のことで
相談《そうだん》があります
あああ
あ

ぴょっ
ごしごし
まったく
きれい好《ず》き
だなあ

でも
そろそろ返《かえ》しておくれよ
そうだなあ
バナナと交換《こうかん》でどうだい？
さっ
どっ
はっ
はっ
はっ
さくをなくしてふれあうと
はな子《こ》本来《ほんらい》の心《こころ》や性格《せいかく》が見《み》えてきた
今度《こんど》はお客《きゃく》さんとも
ふれあえるといいね
……

3年後《ねんご》
その願《ねが》いは
かなった
ふれあいタイム
はな子《こ》は
人間《にんげん》と
いっしょに
悲《かな》しみや
喜《よろこ》びを味《あじ》わい
「人生《じんせい》」を
もってしまった
ゾウだ
だからこそ
彼女《かのじょ》は
わたしたちに
優《やさ》しいのだ

はな子《こ》 またな
お別《わか》れだ
おれも 新《あたら》しい園《えん》で がんばるよ
あわてて 食《た》べるなよ
歯《は》が 1本《ぽん》しか ないんだから

はな子《こ》のお別《わか》れ会《かい》には
約《やく》3000人《にん》がおとずれた
はな子《こ》は世界一《せかいいち》手《て》のかかる
多《おお》くの人《ひと》に愛《あい》されたゾウだった

第《だい》22話《わ》

おかえり、ジュリ！

七色《なないろ》のキセキ

「ほら、ママ、今年《ことし》も来《き》たよ」
4月《がつ》のある日《ひ》、藍《あい》は玄関《げんかん》の外《そと》でさけんだ。

今年《ことし》もツバメが巣《す》をつくりに来《き》たのだ。
「これで連続《れんぞく》13年《ねん》よ。すごいわあ」
ツバメは幸運《こううん》を運《はこ》ぶ鳥《とり》。軒下《のきした》に巣《す》をつくると子宝《こだから》にめぐまれるというジンクスがあるそうだ。結婚《けっこん》してしばらく子《こ》どもができなかったパパとママだが、はじめてツバメが玄《げん》関《かん》のひさしに巣《す》をつくった年《とし》に、藍《あい》を授《さず》かったという。
それ以来《いらい》パパとママは、ツバメが安心《あんしん》して子育《こそだ》てできるように気《き》を配《くば》ってきた。通《とお》る人《ひと》が困《こま》らないように、2年目《ねんめ》からは巣《す》の下《した》にフン受《う》けをつくった。
「きっと、同《おな》じツバメの子《こ》どもや孫《まご》がこの場《ば》所《しょ》を受《う》けついでくれているんだよ」
毎年《まいとし》やってくるお客《きゃく》さまを見《み》ながら、ママはそう信《しん》じていた。

「ツバメって、〝土食《つちく》って虫食《むしく》って渋《しぶ》～い〟って鳴《な》いてるんだって。ほら、そう聞《き》こえるでしょ？」
「うーん、そうかなあ～」
藍《あい》は首《くび》をかしげた。電線《でんせん》にいるツバメたちは、「ジュリジュリ、ジーン」と鳴《な》いているようにしか聞《き》こえない。
だけど、毎日《まいにち》ツバメたちの様子《ようす》を見《み》ているうちに、鳴《な》き声《ごえ》にもいろいろあることがわかるようになってきた。求愛《きゅうあい》の声《こえ》や、エサを運《はこ》んできた親鳥《おやどり》が呼《よ》びかける声《こえ》……。
カラスが近《ちか》くに来《き》たときは、ツピー！という一声《ひとこえ》で、ヒナたちがいっせいに静《しず》かになってびっくりした。カラスが行《い》ってしまうまで、親鳥《おやどり》も巣《す》を離《はな》れない。
「ねえ、まだ〝ツピー！〟って鳴《な》いてるよ。

カラスが電柱《でんちゅう》にとまってるからかなあ。最近《さいきん》、カラス多《おお》いよね、パパ」
「人間《にんげん》のゴミ捨《す》てのマナーが悪《わる》いからだよ。人間《にんげん》の食《た》べ物《もの》は、栄養価《えいようか》が高《たか》いものが多《おお》いから、生《なま》ゴミをあさるカラスは体《からだ》も強《つよ》くなって、どんどん増《ふ》えるってわけだ」
「うちのツバメたち、大丈夫《だいじょうぶ》かな。きっと、こわいよね」
頭《あたま》が痛《いた》い、と、ソファーで横《よこ》になっていたママが体《からだ》を起《お》こして、心配《しんぱい》そうにつぶやいた。
「ママ、起《お》きあがって大丈夫《だいじょうぶ》？」
ママはこのごろ、頭《あたま》が痛《いた》くなったり、目《め》がかすんだりすることがあるみたい。
「ちょっとつかれただけ。ツバメたちが元気《げんき》をくれるから、大丈夫《だいじょうぶ》！」

ところが、そんなある日《ひ》、大変《たいへん》なことが起《お》きた。ツバメの巣《す》がカラスにおそわれたのだ。

「こらっ！　うちの子《こ》たちになにするの！」

あっという間《ま》に、ヒナはさらわれ、かばおうとした親鳥《おやどり》もやられた。ママと藍《あい》が必死《ひっし》で追《お》いはらったときには、巣《す》の中《なか》には、羽《はね》のはえそろわないヒナが一羽残《いちわのこ》されただけだった。

「なんで、こんなかわいそうなことを……」

ママは、こわれた巣《す》から助《たす》け出《だ》したヒナを、手《て》の中《なか》であたためながら、涙《なみだ》ぐんだ。

野鳥《やちょう》はむやみに飼《か》ってはいけないことになっている。でも、野鳥《やちょう》センターに相談《そうだん》すると、親《おや》がいなくなってしまったヒナは1羽《わ》では生《い》きていけないので、自然《しぜん》にもどすことを前提《ぜんてい》になら育《そだ》ててもいいですよ、といろいろ教《おし》えてくれた。

「ジュリちゃん、今日《きょう》からわたしがママだからね」

ママはだれよりも先《さき》に名前《なまえ》をつけて、ジュリをかわいがった。

小鳥《ことり》のヒナには、朝《あさ》から夕方《ゆうがた》まで「ヒナがほしがるだけ」エサを食《た》べさせなければならないそうだ。

はじめは藍《あい》がせっせと虫《むし》をつかまえてきていたが、とてもたりない。野鳥《やちょう》センターの人《ひと》にきいて、すり餌《え》とミールワームを追加《ついか》した。

「ひええ〜〜。これを食《た》べさせるの？　わたし、無理《むり》かも」

虫《むし》が大《だい》の苦手《にがて》なママは、最初《さいしょ》はミールワームに泣《な》きそうだったが、そのうちにたくましくなった。藍《あい》が学校《がっこう》に行《い》っている間《あいだ》もつきっきりで世話《せわ》をして、

「ジュリ、今日《きょう》は50匹《ぴき》も食《た》べた！」

なんて得意《とくい》そうに胸《むね》をはっていた。ジュリはどんどん大《おお》きくなって、家《いえ》の中《なか》を飛《と》び回《まわ》り、まるで本当《ほんとう》のお母《かあ》さんのようにママにあまえた。

保護《ほご》してから4週間経《しゅうかんた》つころには、ジュリは、すっかりおとなの羽《はね》になった。いつまでも家《いえ》に置《お》いておきたかったけど、早《はや》く自然《しぜん》にかえさないと、南《みなみ》にわたる時期《じき》をのがし

てしまう。

「ジュリ、気《き》をつけて行《い》っておいで！　ママたちのこと、忘《わす》れないでね」

ママの好《す》きなピンクの足輪《あしわ》をつけて、ジュリは空《そら》に羽《は》ばたいた。その日《ひ》のママの涙《なみだ》でいっぱいの笑顔《えがお》を、藍《あい》は今《いま》も覚《おぼ》えている。

翌年《よくねん》、思《おも》ってもみないことが起《お》きた。ママが脳腫瘍《のうしゅよう》と診断《しんだん》されたのだ。頭痛《ずつう》も目《め》のかすみも病気《びょうき》が原因《げんいん》で、このままだと、失明《しつめい》の危険《きけん》もあるという。

「ママ、どうなっちゃうの？　パパ……」

「大丈夫《だいじょうぶ》だよ、藍《あい》。手術《しゅじゅつ》をすればよくなるそうだ。しばらくはパパとふたりだけど、藍《あい》にさびしい思《おも》いをさせないように、パパもがんばるからね」

パパは安心《あんしん》させるように、藍《あい》の肩《かた》をぎゅっと抱《だ》いてくれた。でも、パパもどんなに不安《ふあん》だっただろう。きっと泣《な》きそうだったにちがいない。

そして、3月《がつ》の終《お》わり。ママの手術《しゅじゅつ》の日《ひ》が近《ちか》づいてきた。

「ジュリ、元気《げんき》かな。また会《あ》える日《ひ》が来《く》るのかな」
すっかり弱気《よわき》になっているママは、ツバメがいつも巣《す》をつくるひさしを見上《みあ》げてつぶやいた。入院《にゅういん》の日《ひ》になっても、ツバメはやってこない。
「ママ、きっと来《く》るよ。もう13年《ねん》も続《つづ》いていたんだもん。来《こ》ないわけないんだから！」
藍《あい》はママの手《て》をにぎった。ツバメたち、お願《ねが》い、もどってきて、と心《こころ》の中《なか》で祈《いの》りながら。

それは手術《しゅじゅつ》の前日《ぜんじつ》のことだった。病室《びょうしつ》の窓《まど》の外《そと》で、小鳥《ことり》のさえずりが聞《き》こえる。病《びょう》気《き》のせいで目《め》が見《み》えづらくなってきて、強《つよ》い光《ひかり》がまぶしいからとカーテンを閉《し》めきっていたママは、ハッと顔《かお》をあげた。

「あの鳴《な》き声《ごえ》、ジュリに似《に》てる」
「まさかー」
思《おも》わずそう言《い》ってしまった。そんな偶然《ぐうぜん》、あるわけない。ここは家《いえ》から3駅《えき》も離《はな》れたところだもの。そう思《おも》いながらカーテンを開《あ》けると、向《む》かい側《がわ》の電線《でんせん》に小鳥《ことり》が2羽《わ》。あのすいっとしたしっぽは……。藍《あい》は息《いき》をのんだ。
「ママ、ツバメだよ！　右《みぎ》の子《こ》、ピンクの足《あし》輪《わ》してる！」
「えっ？」
一瞬《いっしゅん》で、2羽《わ》のツバメは飛《と》び立《た》った。
「信《しん》じられないけど……ぼくも見《み》たぞ」
藍《あい》とパパはたしかに見《み》た。片足《かたあし》にキラリと光《ひか》る、ピンクの足輪《あしわ》を。
「ジュリがママをはげましに来《き》たんだよ。ツバメは幸運《こううん》を運《はこ》ぶ鳥《とり》だもん！」

「ああ、そうだ。手術《しゅじゅつ》は必《かなら》ずうまくいくからな。なにも心配《しんぱい》するなよ」
「うん……。ありがとう。きっとそうだよね。わたし、がんばってくるから」
ぽろぽろ涙《なみだ》をこぼすママを、パパと藍《あい》が、ぎゅーっと抱《だ》きしめた。

ママの手術《しゅじゅつ》は無事成功《ぶじせいこう》した。見《み》えにくさも少《すこ》しずつ回復《かいふく》していきますよと、先生《せんせい》も笑《え》顔《がお》で言《い》ってくれた。神様《かみさま》、ありがとう……。この日《ひ》のこと、絶対《ぜったい》に忘《わす》れない。

そして、数日後《すうじつご》のことだ。藍《あい》が学校《がっこう》から帰《かえ》ってくると、玄関《げんかん》の前《まえ》を2羽《わ》の小鳥《ことり》がせっせと行《い》き来《き》している。ツバメだ！　今年《ことし》もツバメが巣《す》をつくりに来《き》たんだ。

藍《あい》は深呼吸《しんこきゅう》して、よーく見《み》た。あっ、片《かた》方《ほう》の子《こ》に、ピンクの足輪《あしわ》が……。
「わーっ、ジュリ、おかえりーっ！」
早《はや》く知《し》らせなくちゃ。ランドセルを玄関《げんかん》に放《ほう》り投《な》げ、病院《びょういん》に走《はし》る。
「ママ、ツバメが帰《かえ》って来《き》た！　ジュリだったよ！」
病室《びょうしつ》で夕食《ゆうしょく》の途中《とちゅう》だったママは、スプーンを落《お》としそうになった。
「えっ、ほんとなの？　よかった……。覚《おぼ》えててくれたのね……」
「ママが退院《たいいん》するころには、きっとヒナが生《う》まれてるよ！」
「そうね、ママもリハビリがんばる。巣《す》から落《お》ちたりしないように、よく見《み》ててね」
「もちろん！　もしなにかあったら、ちゃんと育《そだ》てるよ。ママといっしょにしたんだから、任《まか》せといて」
ママの退院《たいいん》を心待《こころま》ちにしながら、藍《あい》は今日《きょう》もツバメたちに話《はな》しかけている。
「ねえ、ジュリ、ママになるの？　それともパパ？」
ジュリは巣《す》づくりに一生懸命《いっしょうけんめい》で、答《こた》えてるひまなんてないみたい。
「ジュリ、もどってきてくれてありがとう。またしばらく、よろしくね」

第《だい》23話《わ》

ハコ、聞《き》こえてる？

病気《びょうき》になった犬《いぬ》のハコは、大切《たいせつ》なことを教《おし》えてくれて…。

雨上《あめあ》がりの空《そら》に

「ハコの生《い》き物《もの》大好《だいす》き！」

ラジオのタイトルコールが鳴《な》ると、わたしは手元《てもと》のマイクスイッチを入《い》れた。

「こんばんは、動物看護師《どうぶつかんごし》のハコです。今日《きょう》も、みなさんからいただいたメールを紹介《しょうかい》します。最初《さいしょ》のメールは、チョコママさん……」

闘病中《とうびょうちゅう》の犬《いぬ》の看護《かんご》をしているというリスナーのメールを読《よ》むうち、しっぽをふるハコの姿《すがた》が浮《う》かんできた。

「心配《しんぱい》でたまらない。そのお気持《きも》ち、よくわかります。今日《きょう》はわたしの経験《けいけん》を話《はな》しますね……」

3年前《ねんまえ》――。

ドアを開《あ》けると、ヨークシャー・テリアがろうかの向《む》こうからやってきた。毎日《まいにち》、帰《き》宅《たく》したわたしを出迎《でむか》えてくれるハコだ。

「ハコー、ただいまー」

わたしがなでると、ハコは気持《きも》ちよさそうに目《め》を細《ほそ》めた。

落《お》ちこんでちぢこまった気持《きも》ちが、ほわっと、ゆるむ。

「ハコ、ありがとう。元気《げんき》が出《で》たよ」

わたしはくつをぬぎ、ハコの後《あと》についてリビングに入《はい》った。

「おかえりー」

母《はは》がキッチンから顔《かお》を出《だ》す。

「今日《きょう》はどうだった?」

「うん、まあ……」

わたしはソファーにリュックを置《お》いてから、洗面所《せんめんじょ》に行《い》った。

動物看護師《どうぶつかんごし》として、どうぶつ病院《びょういん》に勤《つと》めはじめて3週間《しゅうかん》。学校《がっこう》で学《まな》んだようにはいかず、あたふたしてばかりの日々《ひび》。きっと、わたしがつかれた顔《かお》をしているから、母《はは》は心配《しんぱい》しているのだろう。

今日《きょう》も、定期検診《ていきけんしん》で来院《らいいん》した加藤《かとう》さんの猫《ねこ》をしっかりおさえられなくて、先輩《せんぱい》にしかられた。

「診察台《しんさつだい》から落《お》ちたら、骨折《こっせつ》することだってあるのよ。しっかりおさえて」

検診《けんしん》に来《き》た犬《いぬ》に一度《いちど》かまれかけてから、こわごわおさえているのが患者《かんじゃ》のどうぶつにも伝《つた》わるのだろう。先輩《せんぱい》がおさえると、おとなしくなる子《こ》も、わたしがやると暴《あば》れ出《だ》す。

わたしはひっかき傷《きず》だらけの手《て》を見《み》て、仕事中何度《しごとちゅうなんど》もため息《いき》をついた。

（この仕事《しごと》、わたしには向《む》いてないのかな……）

ハコのケージを掃除《そうじ》しようとして、手《て》をとめた。吐《は》いたものが、ケージの端《はし》にある。

「ハコ、具合《ぐあい》が悪《わる》いの？」

リビングのソファに横《よこ》たわっているハコは、わたしの顔《かお》をちらっと見《み》るだけで、起《お》きあがろうとしない。

（体《からだ》がだるいのかも……）

ハコを勤《つと》め先《さき》の病院《びょういん》に連《つ》れていくと、獣医師《じゅういし》の小松原先生《こまつばらせんせい》が診察《しんさつ》してくれた。

「腎臓《じんぞう》の状態《じょうたい》がとても悪《わる》いですね。あとひと月《つき》生《い》きられるかどうか。危険《きけん》な状態《じょうたい》です」

「え……」

突然《とつぜん》の宣告《せんこく》に、言葉《ことば》が出《で》ない。

ハコはうちの2代目《だいめ》の犬《いぬ》。保護犬《ほごけん》だったのを、3年前《ねんまえ》にゆずり受《う》けた。うちに連《つ》れてきた日《ひ》、ダンボール箱《ばこ》に入《はい》って眠《ねむ》ってしまったことから「ハコ」と名《な》づけた。初代《しょだい》の犬《いぬ》は18歳《さい》で亡《な》くなったから、ハコも当然《とうぜん》、老犬《ろうけん》になるまで生《い》きるものだと思《おも》っていた。

（ハコはまだ3歳《さい》なのに、なんで……？）

混乱《こんらん》するわたしに、小松原先生《こまつばらせんせい》は静《しず》かに言《い》った。

「腎臓《じんぞう》の状態《じょうたい》がよくなるよう、点滴《てんてき》を打《う》ちましょう」
その日《ひ》からハコは入院《にゅういん》し、点滴《てんてき》を受《う》けるようになった。
毎日見《まいにちみ》ていた、3段《だん》に並《なら》ぶ入院用《にゅういんよう》ケージ。その中《なか》のひとつに入《はい》って、おとなしく点滴《てんてき》を受《う》けているハコを見《み》ると、胸《むね》が苦《くる》しくなった。
（なれない場所《ばしょ》で、注射針《ちゅうしゃばり》を刺《さ》されたりして、いやだよね……）
でも、ハコだけを特別《とくべつ》あつかいするわけにはいかない。
わたしは仕事《しごと》に集中《しゅうちゅう》しようとしたが、診療《しんりょう》に必要《ひつよう》なものをまちがえて用意《ようい》したり、データの入力《にゅうりょく》ミスをしたりして、先輩《せんぱい》に注意《ちゅうい》された。
「気持《きも》ちはわかるけど、飼《か》い主《ぬし》さんも今《いま》の松本《まつもと》さんと同《おな》じ気持《きも》ちなのよ」
先輩《せんぱい》に言《い》われて、はっとした。
（飼《か》い主《ぬし》さんはみんな、こんな苦《くる》しい気持《きも》ちをかかえているんだ。少《すこ》しでも安心《あんしん》してもらえるよう、きちんと看護《かんご》しなきゃ）
数日後《すうじつご》、ハコの具合《ぐあい》は少《すこ》しよくなった。入院前《にゅういんまえ》はぐったりと力《ちから》をなくしていたのが、わたしを見《み》て、そろっと、しっぽを動《うご》かしたのだ。
（もしかしたら、奇跡的《きせきてき》に治《なお》ったりして……）
そんなわたしのあわい期待《きたい》は、すぐに打《う》ちくだかれた。検査《けんさ》の数値《すうち》が、前《まえ》より悪《わる》くなっていたのだ。
「ハコ……」
入院用《にゅういんよう》ケージをのぞくと、ハコがうるんだ目《め》でわたしを見《み》た。なにか言《い》いたげな顔《かお》をしている。
（ハコはなんて言《い》いたいんだろう。うちに帰《かえ》りたい、かな。ただでさえ具合《ぐあい》が悪《わる》くて不《ふ》安《あん》なのに、なれない場所《ばしょ》にい続《つづ》けるのは、つらいよね）
わたしはくっと顔《かお》をあげると、小松原先生《こまつばらせんせい》のもとへ行《い》った。
「先生《せんせい》、勝手《かって》を言《い》って申《もう》し訳《わけ》ないのですが、ハコを退院《たいいん》させてください。うちで看護《かんご》したいんです。責任《せきにん》はわたしが負《お》いますから、お願《ねが》いします！」
小松原先生《こまつばらせんせい》は、じっとわたしの目《め》を見《み》た。

「わかりました。そのかわり、点滴《てんてき》の仕方《しかた》をしっかり覚《おぼ》えてください。ハコちゃんの命《いのち》を、松本《まつもと》さんが支《ささ》えるんですよ」

「は……、はいっ」

翌朝《よくあさ》、わたしは小松原先生《こまつばらせんせい》に教《おそ》わったとおり、自宅《じたく》でハコに点滴《てんてき》をした。

「ハコ、これから点滴《てんてき》をするよ。ちょっとチクッとするけど、点滴《てんてき》をすると、体《からだ》が少《すこ》し楽《らく》になるからね」

声《こえ》をかけると、ハコはおとなしく、わたしに体《からだ》をあずけてくれた。動《うご》かないようおさえて、おそるおそる注射針《ちゅうしゃばり》を刺《さ》す。ハコがじっとしていてくれたので、わたしは落《お》ち着《つ》いて処置《しょち》をすることができた。

毎朝《まいあさ》、出勤前《しゅっきんまえ》に点滴《てんてき》をするようになって、数日後《すうじつご》には手際《てぎわ》もよくなった。それで少《すこ》し自信《じしん》がついたのだと思《おも》う。病院《びょういん》の仕事《しごと》もあわてることが少《すく》なくなり、1週間後《しゅうかんご》、先輩《せんぱい》か

らほめられた。
「松本《まつもと》さん、おさえるのが上手《じょうず》になったわね」
「ありがとうございます！」

だけど、治療開始《ちりょうかいし》から1か月半《げつはん》が経《た》ったころ――。
その日《ひ》の朝《あさ》、わたしはいつものようにハコに声《こえ》をかけた。
「おはよう、ハコ」
けれども、ハコはいつもとちがって、苦《くる》しそうに息《いき》をしている。
「ハコ、どうしたの。苦《くる》しいの？」
近《ちか》づくと、ハコがゲボッと、吐《は》いた。
「ハコッ」
わたしの緊迫《きんぱく》した声《こえ》に、母《はは》と父《ちち》もやってきた。
「どうしたの」

「ハコが吐《は》いて……」
わたしがなでると、ハコは「クゥ」と小《ちい》さく鳴《な》いた。まもなく、くたっと力《ちから》を失《うしな》う。
「ハコ？」
そっとハコに触《ふ》れる。が、ハコはなにも反応《はんのう》しない。
「ハコ……、ハコ……」
胸《むね》が痛《いた》くてたまらない。
（ごめんね、ハコ。長《なが》生《い》きさせてあげられなくて……）
わたしは何度《なんど》も何度《なんど》も、ハコをなでた。

あれから、ハコを思《おも》い出《だ》さない日《ひ》はない。
胸《むね》の痛《いた》みは少《すこ》しずつやわらいでいったけど、消《き》えはしない。
でも、だからこそ、わたしはどうぶつ病院《びょういん》に来《く》る飼《か》い主《ぬし》さんの心《こころ》の痛《いた》みが、よくわかるようになった。

病気《びょうき》になった生《い》き物《もの》の看護《かんご》をするのは大変《たいへん》だ。

生《い》き物《もの》は、どう具合《ぐあい》が悪《わる》いのか、どうしてほしいのか、言葉《ことば》で伝《つた》えられないから、飼《か》い主《ぬし》が生《い》き物《もの》の気持《きも》ちを想像《そうぞう》して、看護《かんご》を考《かんが》えていかないとならない。

獣医師《じゅういし》から今後《こんご》の治療《ちりょう》について、いくつか方法《ほうほう》を提案《ていあん》されたとき、どの治療《ちりょう》にするかを決《き》めるのも飼《か》い主《ぬし》だ。

「松本《まつもと》さんなら、どうする？」

飼《か》い猫《ねこ》の余命《よめい》を宣告《せんこく》された加藤《かとう》さんに相談《そうだん》されたとき、わたしは自分《じぶん》の経験《けいけん》を伝《つた》えた。

もっと早《はや》く不調《ふちょう》に気《き》づいてあげられたら、ハコはまだ生《い》きられたかもしれない……という後悔《こうかい》がある一方《いっぽう》で、家《いえ》で看護《かんご》して、家族《かぞく》みんなで看取《みと》れたのは、よかったと思《おも》う。

だから、言《い》えるのはこれだけだ。

「人《ひと》それぞれ家《いえ》の事情《じじょう》や環境《かんきょう》があって、できることはちがいますから、ほかのだれかと同《おな》じ選択《せんたく》をすることはありません。少《すこ》しでも、ご自分《じぶん》が後悔《こうかい》しないと思《おも》える治療《ちりょう》と看護《かんご》方法《ほうほう》を選《えら》んでください」

「そう……そうよね」
加藤《かとう》さんは覚悟《かくご》を決《き》めたように、力強《ちからづよ》くうなずいた。
そして飼《か》い猫《ねこ》が亡《な》くなってから2週間《しゅうかん》が経《た》ったころ、加藤《かとう》さんが病院《びょういん》にやってきた。
「あの子《こ》が亡《な》くなって最初《さいしょ》のころは、泣《な》いてばかりだったけど、だんだん楽《たの》しかったことを思《おも》い出《だ》せるようになったの。きっと後悔《こうかい》しない看護《かんご》ができたからだわ。松本《まつもと》さんのおかげよ、ありがとう」
「いえ、そんな……」
どうこたえたらいいかわからず、うまく言葉《ことば》が出《で》なかった。すると、加藤《かとう》さんが驚《おどろ》くことを言《い》った。
「わたしはこの地域《ちいき》のFM《エフエム》ラジオ局《きょく》のプロデューサーをやっているんだけど、松本《まつもと》さん、よかったら、ラジオに出《で》てくれないかしら？」
「えっ、ええー!!」

その後《ご》、わたしは一度《いちど》だけのつもりで、ラジオ番組《ばんぐみ》でペットの相談《そうだん》を受《う》けた。それが好評《こうひょう》だったため、毎週《まいしゅう》1回《かい》、20分《ぷん》のコーナーをもつようになった。

レギュラーコーナーが決《き》まったとき、わたしはラジオネームを「ハコ」にした。わたしを動物看護師《どうぶつかんごし》として育《そだ》ててくれたのは、ハコだったから。

どうぶつを看護《かんご》する難《むずか》しさ、飼《か》い主《ぬし》の不安《ふあん》や悲《かな》しみ、責任《せきにん》と覚悟《かくご》。そうしたすべてを、ハコが教《おし》えてくれた。

わたしはラジオ番組《ばんぐみ》でハコとの思《おも》い出《で》を話《はな》したあと、リスナーに語《かた》りかけた。

「飼《か》い主《ぬし》さんの愛情《あいじょう》は、生《い》き物《もの》に伝《つた》わっています。たとえ長生《ながい》きできなくても、大事《だいじ》にされた生《い》き物《もの》は幸《しあわ》せです。いっしょにいられる時間《じかん》を大事《だいじ》に、精《せい》いっぱい愛《あい》してあげてください」

手元《てもと》にあるハコの写真《しゃしん》を見《み》る。

（ハコ、聞《き》こえてる？　わたし、ハコに教《おし》えてもらったことをたくさんの人《ひと》に伝《つた》えていくよ。これからもずっと……）

第《だい》24話《わ》

チェリーにありがとう

さくらと白猫《しろねこ》のチェリーは、いっしょに誕生日《たんじょうび》を迎《むか》えて…。

ガチャ
さくら 起《お》きて 朝《あさ》よ
ん…
あら
チェリー さくらと いたんだ
にゃ
仲《なか》よしだなあ

行《い》ってきます
気《き》をつけて行《い》ってらっしゃい
はーい！
行《い》ってくるねチェリー
にゃー
チェリーはわたしが生《う》まれた日《ひ》に
早《はや》く病院《びょういん》に!!
まだこんなに小《ちい》さい…
！
生《う》まれたばかりの子猫《こねこ》だ…
うちで飼《か》わないか？
ええそうしましょう
パパがひろったんだって

名前《なまえ》はどうする?
そうね…さくらと姉妹《しまい》のように仲《なか》よくしてくれるように…
チェリー
生《う》まれたときからずっといっしょ
そしてこれからもずっといっしょ
さくら チェリー 12歳《さい》の誕生日《たんじょうび》おめでとう
わー
いちごのケーキ!
チェリーも誕生日《たんじょうび》おめでと
チェリーにはこっちのペット用《よう》ケーキ。
さくらもチェリーも本当《ほんとう》に大《おお》きくなったね
えへへ
これからもっと大《おお》きくなるよ!

チェリー これからも そばにいてね
ずっと いっしょに いられると 思《おも》ってた
そのたった 3日後《かご》までは ――……
あれっ？
大好《だいす》きな ごはんなのに 食《た》べてないね
毛並《けな》みも 悪《わる》いし…
いつもの 便秘《べんぴ》かな？
ナデ…

2週間後《しゅうかんご》
今日《きょう》はちゃんとごはん食《た》べてるね
ふら…
チェリー…？
ふら…
チェリーどうしたの!?
ママっ チェリーが吐《は》いたの!!
え…!? 大変《たいへん》!!
悪性《あくせい》の腫瘍《しゅよう》が全身《ぜんしん》に転移《てんい》しています

ここまでの状態《じょうたい》になるとあとは弱《よわ》っていくだけです
安楽死《あんらくし》の選択《せんたく》も…
え――……
安楽死《あんらくし》…？
そんなっ…どうにかなりませんか!?
残念《ざんねん》ながら…
――安楽死《あんらくし》を選《えら》べばチェリーはらくに…
でも…
チェリー……
チェリーは
こんなに必死《ひっし》に呼吸《こきゅう》してる…!!
…わたし 家《いえ》で最期《さいご》のその日《ひ》までチェリーと過《す》ごしたい

そしてチェリーを介護《かいご》する生活《せいかつ》がはじまった
ええと…
チェリー お水《みず》だよ
お願《ねが》い じっとしてて
飲《の》んでくれた…
チェリーは もうひとりで トイレできないの…？
ふら〜…
ニャ
大丈夫《だいじょうぶ》？ お水《みず》だよ

さよなら—
さくらちゃん 今日《きょう》遊《あそ》ぼうよ！
ごめんね 用事《ようじ》が…
また—？
チェリー ただいまっ
少《すこ》しでも 長《なが》く
チェリーと いっしょにいたい
チェリー トイレ？ 行《い》ける？
できた…！

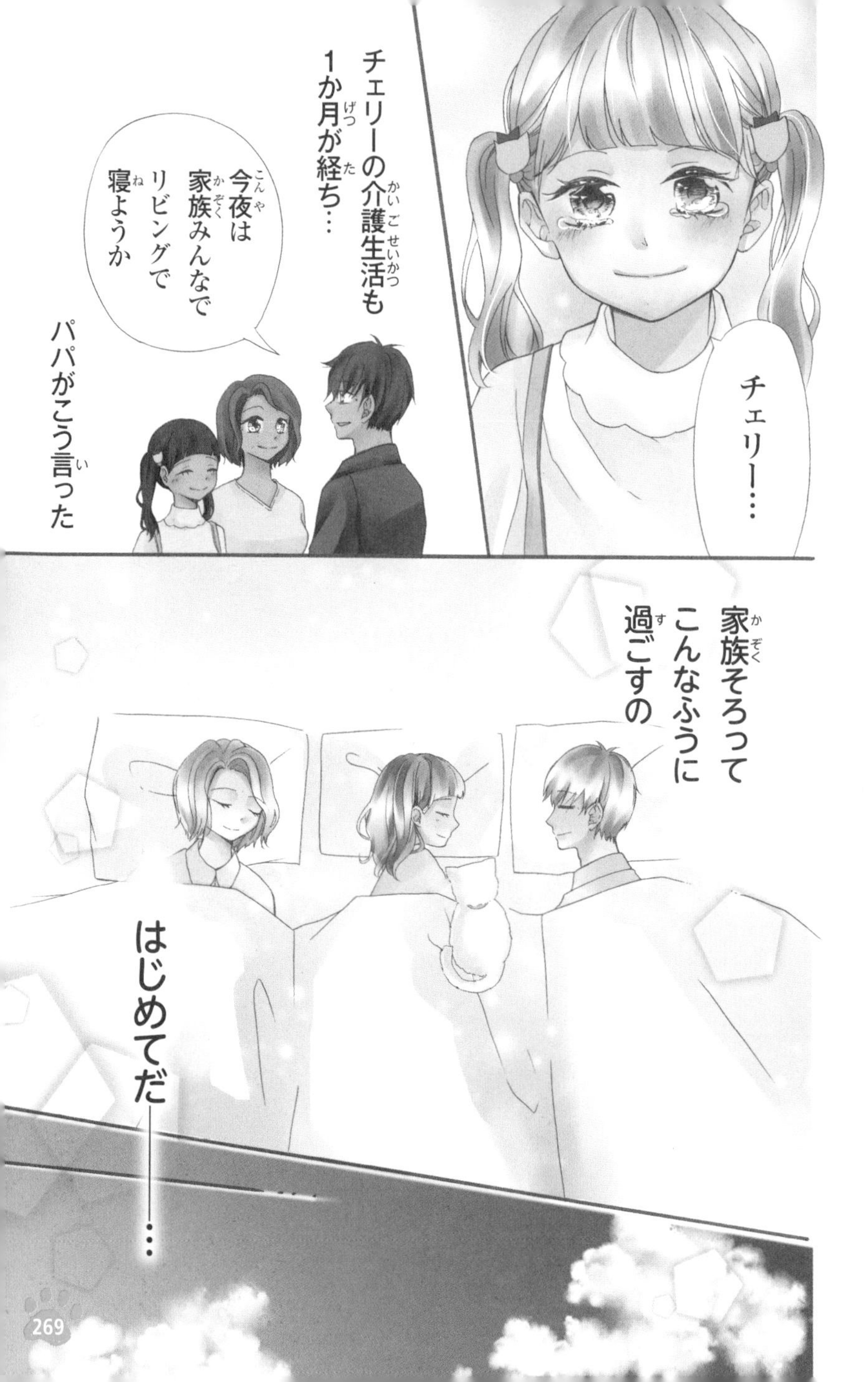
チェリー…
チェリーの介護《かいご》生活《せいかつ》も1か月《げつ》が経《た》ち…
今夜《こんや》は家族《かぞく》みんなでリビングで寝《ね》ようか
パパがこう言《い》った
家族《かぞく》そろってこんなふうに過《す》ごすの
はじめてだ――…

さくら
起《お》きてっ
ママ…
…チェリー？
ビク
ビク…
最期《さいご》までしっかり
生《い》きようとしている
チェリーを
見守《みまも》ってあげよう
チェリー!!
ドクン
ドクン
ド
ク…ン
鼓動《こどう》が…
チェリーに
声《こえ》をかけて
コクン…

チェリーがいてくれて本当《ほんとう》に楽《たの》しかったよ
ありがとう
なんだかはじめて会《あ》ったときのチェリーみたいだ
赤《あか》ちゃんみたい チェリー 子猫《こねこ》の顔《かお》してる
ALBUM

いつでもチェリーがそばで見守《みまも》ってくれた
その思《おも》い出《で》は消《き》えない
チェリーありがとう

第《だい》25話《わ》

雨《あめ》降《ふ》り地《ち》区《く》のどうぶつたち

雨降《あめふ》り地区《ちく》でくらすポヨたちは、飼《か》い主《ぬし》の夢《ゆめ》をみて…。

ここは雨降《あめふ》り地区《ちく》
雨《あめ》きらいだなあ
いつになったらやむのかな
ねえなんか楽《たの》しい話《はなし》しようよ

まずオレからね
オレの飼《か》い主《ぬし》のミミちゃん笑顔《えがお》が最高《さいこう》なの
で、オレとじゃれ合《あ》いしてるとすぐに笑《わら》って負《ま》けちゃうんだ…
もーポヨ重《おも》いよ
重《おも》いって
負《ま》けた
ポヨ　おまえよく飼《か》い主《ぬし》の話《はなし》ができるな
ぼくはあいつのこと思《おも》い出《だ》したくないよ…
ロキさんは飼《か》い主《ぬし》のことをきらいだったの？
あんまり好《す》きじゃなかったよ
怒《おこ》りんぼだし泣《な》き虫《むし》だし…
きっと今《いま》も怒《おこ》ってるんじゃないかな？

えー
そうなんだ
怒《おこ》りんぼは
いやだよね!!
好《す》きでも
なかったけど
きらいでも
なかったな
どうちだよ!!
もぞ
もぞ
あ
おはよう
マシュマロちゃん
よく
眠《ねむ》ってたね!
はっ
はっ
もう起《お》きないかと
心配《しんぱい》したよ
飼《か》い主《ぬし》の夢《ゆめ》を
みたんだよ…
それは
よかったね!
フン
フン

マコくん笑《わら》ってた
よかったね
雨《あめ》やんだ？
やまないよ!! どしゃ降《ぶ》りだよ！
え うそ
はっはっ
やんでるじゃない…
待《ま》って
どこ行《い》くの？
マシュマロちゃん！
!?

行《い》っちゃった…
どうしよう
ロキさん
ロキさん
つまんないなぁ
…
ロキさんも眠《ねむ》っちゃった…
雨《あめ》きらい
ここにはおいしいごはんもあるし…

毛布《もうふ》もあるし
おもちゃもあるけど
雨《あめ》が降《ふ》りっぱなし
ふあああああ…
ロキさん!?
飼《か》い主《ぬし》の夢《ゆめ》みた
あの怒《おこ》りんぼの？
うん
雨《あめ》
やんでるじゃないか
あいかわらず怒《おこ》ってたけど元気《げんき》そうだった
勝手《かって》に死《し》んでロキのやつ絶対《ぜったい》ゆるさない
よかったね

えっ なに言《い》ってるの？
どしゃ降《ぶ》りだよ！
おまえにはなんで見《み》えないの？
こんなに明《あか》るい日《ひ》ざしが降《ふ》りそそいでいるのに…
ロキさん
行《い》っちゃうの？
ロキさん

ひとりぼっち
ミミちゃん
どうしてる？
あの笑顔《えがお》を
また
見《み》たいな
はっ
あれ
ここどこ？
なに？
夢《ゆめ》？
夢《ゆめ》だ
この夢《ゆめ》の
どこかに
ミミちゃんが
いるかも！
…
…
…
ミミちゃん

泣《な》いてるミミちゃんはじめて見《み》たよ…
ポヨは死《し》んじゃったんだよ
ゆきちぃのチョコは生《い》きてるじゃない
わたしの気持《きも》ちなんかわかんないよ!
わかるよ
だって前《まえ》の犬《いぬ》のショータは死《し》んじゃったもん…
ゆきちぃ…

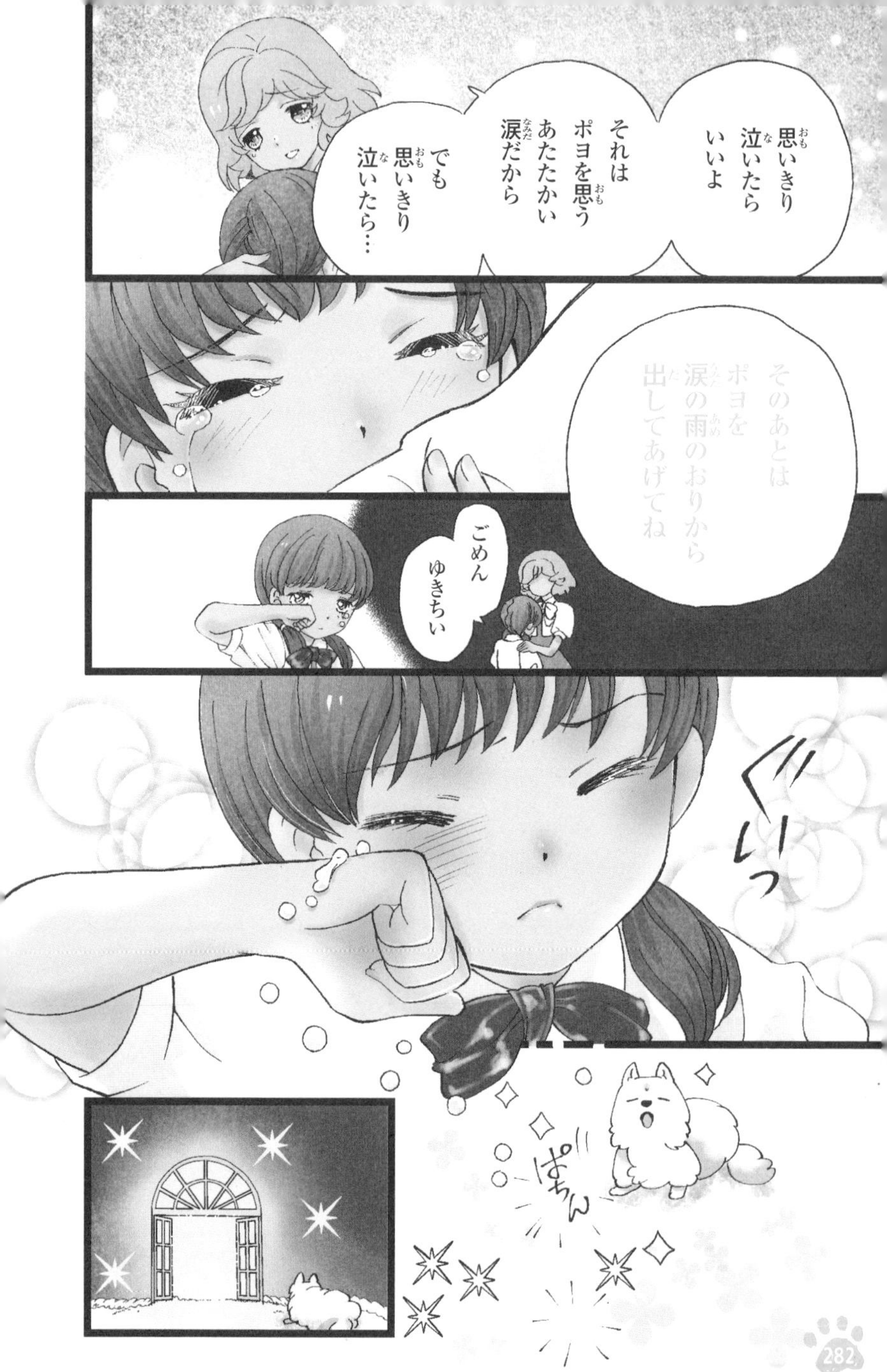
思《おも》いきり 泣《な》いたら いいよ
それは ポヨを思《おも》う あたたかい 涙《なみだ》だから
でも 思《おも》いきり 泣《な》いたら…
そのあとは ポヨを 涙の雨《あめ》のおりから 出《だ》してあげてね
ごめん ゆきちい
ぐいっ
ぱちん

晴《は》れた！
やった〜〜
あっ 虹《にじ》
ミミちゃんにも見《み》せたいな
！
虹《にじ》の下《した》でミミちゃんを待《ま》とうっと！
ミミちゃん
オレはずっとキミを忘《わす》れずにいるから
虹《にじ》の橋《はし》のふもとできっと会《あ》おうね
会《あ》うときは必《かなら》ず笑顔《えがお》で!!
POYO
POYO

虹《にじ》の橋《はし》からあなたへ

虹《にじ》の橋《はし》のふもとには「雨《あめ》降《ふ》り地区《ちく》」とよばれる場所《ばしょ》もあります。

そこではいつも、冷《つめ》たい雨《あめ》がしとしと降《ふ》り
どうぶつたちは寒《さむ》さにふるえ、悲《かな》しみにうちひしがれています。

ここに降《ふ》る雨《あめ》は、地上《ちじょう》に残《のこ》してきてしまった
だれかさんの流《なが》す涙《なみだ》なのです。

たいていの子《こ》は半年《はんとし》もしないうちに、あたたかい日《ひ》ざしの中《なか》に
かけ出《だ》して仲間《なかま》とたわむれ、楽《たの》しくくらすことができます。

幸《しあわ》せと愛《あい》に満《み》ちた思《おも》い出《で》こそが、虹《にじ》の橋《はし》をつくりあげているのです。

でも、ずっと雨《あめ》降《ふ》り地区《ちく》から出《で》て行《い》けない子《こ》たちもいます。
地上《ちじょう》にいるだれかさんがずっと悲《かな》しんでいるので、
とてもじゃないけれど、みんなと楽《たの》しく遊《あそ》ぶ気《き》になれないのです。

死《し》はすべてをうばい去《さ》ってしまうものではありません。
同《おな》じときを過《す》ごし、同《おな》じ楽《たの》しみを分《わ》かち合《あ》い
愛《あい》し合《あ》った記憶《きおく》は、あなたの心《こころ》にずっとずっと残《のこ》ります。

幸《しあわ》せと愛《あい》に満《み》ちた思《おも》い出《で》こそが、虹《にじ》の橋《はし》をつくりあげているのです。

どうか、別《わか》れの悲《かな》しみにだけとらわれないでください。

彼《かれ》らはあなたを幸《しあわ》せにするために、
そして、あなたに大事《だいじ》なことを伝《つた》えにやってきたのです。

命《いのち》とはかなさと愛《いと》しさを。
つかの間《ま》のぬくもりに感《かん》じる、いつくしむ心《こころ》を。
癒《い》えることのない悲《かな》しみだけを、残《のこ》しにくるのではありません。

思《おも》い出《だ》してください。

どうぶつたちが残《のこ》していってくれた
形《かたち》にも言葉《ことば》にもできない、さまざまな宝物《たからもの》を。

それでも悲《かな》しくなったら、目《め》を閉《と》じてみてください。
虹《にじ》の橋《はし》にいる、あの子《こ》の姿《すがた》が見《み》えるはずです。

信《しん》じる心《こころ》のなかに、必《かなら》ずその場所《ばしょ》はあるのですから――……。

カバーイラスト	河内実加（ポヨとミミちゃん）、おおいま奏都（猫）
カバーデザイン	棟保雅子
青空純物語	おおいま奏都
マンガ	兄崎ゆな、兎乃心、片ノ瀬結々、河内実加、紅雨ぐみ、新堂みやび、高咲あゆ、武田みか、福月悠人、結城
マンガシナリオ・小説	ささきあり、長井理佳、吉田桃子、齊藤万里子
小説挿絵	あゆみゆい、くらしきあお、歳、森野眠子
コラムイラスト	おおいま奏都、つのじゅ
監修・取材協力	シャンテどうぶつ診療所 寺尾順子（第5話）、山川宏治（第21話）、井の頭自然文化園（第21話）、認定NPO法人TSUBASA（第4話）、島﨑美里（第16話）、一般社団法人CIEE国際教育交換協議会（第16話）
デザイン・DTP	棟保雅子、佐藤明日香（株式会社スタジオダンク）
編集・執筆協力	田中絵里子

★「ミラクルラブリー♡どうぶつ写真館」に登場してくれたどうぶつたち

アネラ、ココ、仁、そら、ちびた、チャコ・まろ、チョコ・クッキー、トッティ・ぺぺ、ハッピー、はまじ、ハム子、プイプイ、プリン・きぃ、マリン、ミミ、ラック、ラム、レイ

ミラクルラブリー♡
感動《かんどう》のどうぶつ物語《ものがたり》 虹《にじ》の橋《はし》

2020年 1 月25日発行　第1版
2022年 1 月25日発行　第1版　第5刷

編著者　青空 純［あおぞら じゅん］
発行者　若松和紀
発行所　株式会社 西東社
〒113-0034　東京都文京区湯島2-3-13
https://www.seitosha.co.jp/
電話　03-5800-3120（代）

ISBN 978-4-7916-2744-8